湖南农业大学教改课题

| 光明社科文库 |

人才培养供给侧改革研究
——以创新服务校友方式为视角

余喜林◎著

光明日报出版社

图书在版编目（CIP）数据

人才培养供给侧改革研究：以创新服务校友方式为
视角 / 余喜林著 . -- 北京：光明日报出版社，2021. 12
ISBN 978 - 7 - 5194 - 6394 - 6

Ⅰ. ①人… Ⅱ. ①余… Ⅲ. ①高等学校—人才培养—
研究—中国 Ⅳ. ①G649. 2

中国版本图书馆 CIP 数据核字（2021）第 265993 号

人才培养供给侧改革研究：以创新服务校友方式为视角
**RENCAI PEIYANG GONGJICE GAIGE YANJIU：YI CHUANGXIN FUWU
XIAOYOU FANGSHI WEI SHIJIAO**

著　　者：余喜林

责任编辑：郭思齐　　　　　　　　责任校对：田昌华
封面设计：中联华文　　　　　　　　责任印制：曹　净

出版发行：光明日报出版社
地　　址：北京市西城区永安路 106 号，100050
电　　话：010 - 63169890（咨询），010 - 63131930（邮购）
传　　真：010 - 63131930
网　　址：http：// book. gmw. cn
E - mail：gmrbcbs@ gmw. cn
法律顾问：北京市兰台律师事务所龚柳方律师

印　　刷：三河市华东印刷有限公司
装　　订：三河市华东印刷有限公司
本书如有破损、缺页、装订错误，请与本社联系调换，电话：010-63131930

开　　本：170mm×240mm
字　　数：105 千字　　　　　　　印　　张：8.5
版　　次：2022 年 9 月第 1 版　　　印　　次：2022 年 9 月第 1 次印刷
书　　号：ISBN 978 - 7 - 5194 - 6394 - 6
定　　价：78. 00 元

前　言

2017 年 12 月，湖南农业大学公布教改立项名单，我主持申报的"创新服务校友方式，助推人才培养供给侧改革"获得学校立项。

文献研究显示：国外部分高校在校友的服务理念、服务特点、服务使命的管理上已形成成熟的模式，并取得明显成效。国内关于高校服务校友已有的研究，重点分布在校友的开发与利用上，具体从组织机构、思想重视、提高工作水平以及关心校友等方面提出了开发、挖掘、利用好校友资源的建议。国内服务校友有聚会、QQ、微信等方式。至于如何整合校友资源，创新服务校友的方式，助推人才培养供给侧改革的研究文献寥寥无几。

立项之初，我组建项目团队，结合湖南农业大学 2017 年（印制版）专业人才培养方案，根据所列的全部专业，就校友的专业阶段、专业人才培养供给方案的满意度、实际教育教学服务环节的重要度与满意度、校友的行为打算、创新服务校友的方式、人才培养供给侧方案优化的意见与建议 6 个部分，设计调研问卷 233 题。

接着，我们采用无纸化电子问卷，通过计算机互联网服务平台，生成超链接，再借助微信群、QQ 群向校友发出参与调研邀请，校友只要点击邀请函内的链接，就可浏览调研问卷，实现无纸化答题。

我们以创新服务校友方式为主题，创建课题群，联系各学院就业专干和校友联络员加入该群，由他们在毕业校友班级 QQ 群和微信群里，发送邀请校友参加教改课题的调研通知。

截至 2019 年 7 月 31 日，我们通过学校各学院，面向群内 17325 位校友发出了邀请参加课题调研的通知，共有 2288 位校友访问调研问卷，其中有 301 位校友完成全部答题，我们对收集的 70133 条信息，进行了统计和分析。

项目组根据调研指标的重要度、满意度、可能性，按程度从高到低，分别赋予 5、4、3、2、1 的加权系数，用各项指标程度的填写人数乘对应的加权系数，求和后除以有效参与人数 301，计算调研指标的加权平均分，制作调研指标重要度、满意度的数据图表，从中归纳出人才培养供给侧可优化指标 32 项。研究发现：加大专业人才培养供给侧与社会需求的吻合度，加强主要实验、实习、实践性教学环节，改进人才培养方法与教学手段，提高人才培养总体满意度，是人才培养供给侧改革的重要抓手。

经过统计，形成了校友未来行为可能性折线图，根据校友答题内容制作了词频图谱，汇总了校友对创新服务方式的意见与建议 11 条；归纳出专业人才培养供给侧的优化意见及建议，形成了"人才培养供给侧改革"研究。

详情见正文，研究结论供决策参考。

目 录
CONTENTS

文献综述　高校服务校友探析……………………………………… 1

　一、国内高校服务校友动态………………………………… 1

　二、国外高校服务校友动态………………………………… 3

　三、高校服务校友的启示…………………………………… 5

　参考文献…………………………………………………… 6

第一部分　调研概述………………………………………………… 8

第二部分　专业人才培养供给方案的满意度调研 ……………… 11

　一、各院毕业校友参与有效答题情况 …………………… 12

　二、人才培养阶段的选择 ………………………………… 12

　三、人才培养基本要素对供给质量影响最大的指标调研 ……… 13

　四、教学方面最应该改进的指标调研 …………………… 14

　五、专业人才培养供给方案的满意度调研 ……………… 14

第三部分　实际教育教学服务环节的重要度与满意度调研 ………… 34

第四部分　校友的行为打算 ……………………………………… 63

第五部分　服务校友方式的重要度与满意度调研 ……………… **68**

第六部分　意见与建议 …………………………………… **82**

一、创新服务校友方式 ………………………… 82

二、关于专业人才培养供给方案的优化建议 …………… 84

结　语 ………………………………………………… **98**

致　谢 ………………………………………………… **101**

附件一　创新服务校友方式，助推人才培养供给侧改革调研问卷

…………………………………………………… **103**

第一部分　参与者的基本信息 ………………………… 104

第二部分　专业人才培养供给方案的满意度调研 ………… 104

第三部分　实际教育教学服务环节的重要度与满意度调研 …… 110

第四部分　校友的行为打算 …………………………… 114

第五部分　服务校友方式的重要度与满意度调研 ………… 115

第六部分　意见与建议 ………………………………… 116

附件二　邀请各位校友参与调研的函 ……………………… **117**

附件三　"创新服务校友方式的意见和建议"答题汇总 ……… **118**

文献综述

高校服务校友探析

【摘要】基于国内外高校服务校友动态，借鉴国外高校服务校友的理念、特点、使命，建议创新服务校友方式，优化专业人才培养供给的长效传导机制；充分利用网站、微信等新媒体，加强与校友的联系，完善校友数据库，提高服务校友的质量和效率。

【关键词】高校　服务校友　动态　创新　启示

习近平总书记强调，要坚定不移深化供给侧改革。本研究旨在认真践行习近平总书记系列重要讲话精神，结合工作实际，依托高校校友，以创新服务为视角，助推学校人才培养供给侧与需求侧有效协同。

一、国内高校服务校友动态

我们通过知网、方正、维普等大型数据库，搜索关键词"高校"与"服务校友"，获悉：华东师范大学辅导员于国妮在 2013 年发表了《运用校友资源开发大学生职业发展教育的途径探析》。在文中，她提出：运用校友资源开展大学生职业发展教育，可以引导大学生了解社会，了解就业形势和岗位需求，进而丰富在校学生职业发展教育的内容和形式。建议设立校友教育资源开发岗位，建立校友志愿者协会，建立顺畅的校友交流机制，构建规范的服务校友奖励机制。

巢湖学院万运、万新军于 2016 年在该学院学报发表《充分整合校友资源探索高校毕业生就业工作新途径》。他们提出：校友是促进高校毕业生就业工作的重要资源，校友资源对高校毕业生工作具有示范、引领、提供就业信息、提高就业率、参与人才培养等作用。他们还提出：校友资源开发利用存在重视程度不高、组织机构不全、开发途径单一、工作水平欠佳等问题。建议从更新观念、加强组织领导、关心校友发展、加强在校生思想政治教育等方面，整合好校友资源，为高校毕业生工作探索新途径。

苏州大学程彦 2012 年发表了《如何挖掘和发挥校友的潜力资源》一文，她指出高校网站上校友数据库登录留言者寥寥无几，建议开通校友微博，组织多项活动，用心服务校友。

文献研究显示，国内关于高校服务校友的研究，重点分布在校友的开发与利用上，从机构设置、思想重视、关心校友、提高工作水平等方面提出了挖掘利用好校友资源，重点为学生就业、职业教育、捐助母校等工作服务。服务校友有聚会、提供技术支持、QQ、微博等方式，在"创新服务校友方式，助推人才培养供给侧改革"方面的研究寥寥无几。

据此，项目组认为：依托互联网，创新服务校友方式，助推人才培养供给侧改革的研究，对优化人才培养供给质量、推动学校发展、增进与校友的良性互动具有重要的现实意义。

二、国外高校服务校友动态

目前，国际上越来越多的专业评估机构把校友的成就及其对母校的支持程度，作为评判世界一流大学的重要依据。正如美国密歇根大学校友会前任执行董事罗伯特·福尔曼所说："谁将给学校发展提供永远的支持？答案是'校友'。"国外高校是怎样服务校友的？可否为国内高校服务校友提供借鉴？我们借助数据库资源对国外高校服务校友展开搜索查询，对美国芝加哥大学、加州大学伯克利分校、密歇根大学的服务校友情况进行了文献研究。

文献显示：国外有的高校对校友的服务与管理工作历史悠久，经过数百年的探索和发展，无论私立学校还是公立学校，其校友的服务及管理都取得了显著成绩，值得学习借鉴。

（一）国外高校服务校友具有规范的管理理念

1. 学校发展和校友利益兼顾，达到"双赢"

2. 服务校友不仅仅针对知名校友

3. 学生毕业不等于"离校"

4. 以情感人，以人为本

5. 在校生就是校友，重视人才培养质量

6. 让校友参与学校管理

（二）国外高校服务校友的特点

1. 校友管理历史悠久，师生普遍重视

2. 具有完善的组织机构，管理制度化、程序化

3. 有强大的工作人员队伍做保证，志愿者队伍做补充

4. 合并校友事务部门和学校发展部门，用基金方式运作校友捐赠

5. 学校有完善的校友工作网站，形成了强大的校友关系网络

6. 以人为本，为校友提供全方位服务

（三）国外高校校友管理的使命

1. 为母校建设和发展服务

2. 为校友服务

文献显示：密歇根大学通过设计或开发有关服务校友的项目，如"事业咨询服务"项目，把与之相关的不同机构联系起来。该项目由校友会组织设计，由密歇根大学事业服务中心、艺术和设计学院、商学院、工程学院、公共健康学院、信息学院、药学院、法学院等二十多个校内机构协同实施，提供的服务内容相当丰富。就"事业咨询服务"而言，校友会充分利用学校学科门类齐全的优势，把不同校内机构所拥有的相关资源集中起来，纳入服务校友工作平台中，为校友提供事业发展支持和服务。这样既达到了为校友服务的目的，又通过服务项目把不同的机构聚拢在一起，让校友群体真切感受到他们从母校所获得的关爱不仅仅来自校友会，而且是整个学校联合统一的行动。通过校友会全方位为校友服务，校友又为母校的发展和人才培养提供服务。

通过文献查阅，我们还获悉：广东工业大学的柯婷、叶展航、颜倩在 2014 年第 6 期《佳木斯教育学院学报》上，发表了《中外高校校友资源管理的比较研究》。他们通过研究国外大学校友资源的管理，发现国外高校校友资源管理呈现出校友活动多元化的局面，提出培养在校生的校友情结，设立专职的校友资源管理部门，完善持续运作的校友工作联络体系，募集学校发展资金，支持学校各方面的建设发展，号召校友

积极参与学校决策等校友管理模式。此外，他们结合国内高校校友会发展现状，指出校友会活动较少、形式单一，专职校友资源管理部门机构设置简单、人员配备少，校友工作联络体系缺乏系统组织、实效性不足，校友捐赠资金少，学校重视不足等方面的问题；并从全方位服务校友，开展多元化的校友活动，加强校友资源开发，推动学校发展，完善校友会工作架构，提高工作效能，构建现代化网络信息平台，持续有效联系校友等方面提出了建议。

三、高校服务校友的启示

把服务校友作为高校发展的重要工作，是新时代的需要；全方位服务校友，是服务校友走向理性管理的必然趋势；创新服务校友方式，是全方位服务校友的必然需求。

（一）建立现代服务校友体系，开展多元化服务

用心服务校友，建议在品牌建设上，建立理念识别、行为识别、视觉识别系统，同时建立现代化的服务校友体系，健全组织机构，完善职能，建立现代化的管理制度，功能定位清晰、工作程序化，满足校友多元化的服务需求。

（二）优化专业人才培养，构建供需协同的长效机制

建议就专业人才培养方案的优化，建立供需信息协同传导的长效机制，广泛征求毕业校友的意见和建议，不断优化人才培养质量。

（三）配备校院两级服务校友人员，构建校院服务校友体系

强大的工作人员队伍，是服务校友的保证。建议明确各个学院的服务校友专员，建立校友班级群，主动关心校友成长，收集反馈毕业校友

动态，结合学院专业及发展开展调研，为学校发展和校友的服务项目提供建设性方案，根据毕业校友的需求，设计对应的服务项目，积极开展协调和推进。另外，建议配备充足的志愿者，在校友会为志愿者提供服务平台，让他们为服务校友提供支持，携手构建校院两级服务校友体系。

（四）完善校友数据库，充分利用新媒体全方位服务校友

保留学生的校园卡，毕业后转变为校友卡，完善校友数据库，把毕业生信息导入校友数据库，为校友提供图书资料远程查阅、食堂用餐、道闸免费进出等综合服务。充分利用网站、微信、微博服务平台，推介母校，发布校友捐赠母校建设等信息。

（五）为校友提供参与母校建设的机会

面向全体校友发布学校建设动态，设立合作项目，为校友自愿服务母校、参与母校建设、回报母校提供机会。

综上所述，开展"创新服务校友方式，助推人才培养供给侧改革"的研究，立足实际，对高校人才培养、校园建设与发展具有重要的现实意义。

参考文献

[1] 于国妮. 运用校友资源开发大学生职业发展教育的途径探析 [J]. 高校辅导员, 2013 (5): 50-52.

[2] 万运, 万新军. 充分整合校友资源, 探索高校毕业生就业工作新途径 [J]. 巢湖学院学报, 2016 (4): 127-130.

[3] 程彦. 如何挖掘和发挥校友的潜力资源 [J]. 学理论, 2013

（35）：241-242.

[4] 石慧霞. 我国大学校友会现状及其出路分析 [J]. 大学教育科学，2005（4）：73-76.

[5] CHRISTOPERSON AP, AAM. Levels at Public Universities：A Comparative Analysis of the Effects of Alumni Association and Institutional Characteristics [D]. Culumbia：University of South Carolina，2010.

[6] 宓佳. 美国大学校友管理研究 [D]. 上海：上海师范大学，2010.

[7] 刁萌萌. 高校校友会组织机构及运行的研究 [D]. 上海：华东师范大学，2006.

[8] [美] 赫钦斯. 美国高等教育 [M]. 汪利兵，译. 杭州：浙江教育出版社，2001：125.

[9] 柯婷，叶展航，颜倩. 中外高校校友资源管理的比较研究 [J]. 佳木斯教育学院学报，2016（6）：160-161.

第一部分

调研概述

根据"创新服务校友方式，助推人才培养供给侧改革"研究的需要，我们设计了调研问卷（见附件一）。调研数据的来源渠道和访问完成率见表1-1。研究显示：校友对问卷的浏览量为2288人，收到提交的有效答卷数301份，详见图1-1。访问浏览和答卷对象为湖南农业大学的校友，有效答题校友分布学院情况见图1-2。他们分布在湖南、广东、北京、湖北、四川、浙江、贵州、江苏、新疆等25个省（区）、市，见图1-3。其中，以湖南校友最多，1个在国外。

表1-1 来源渠道完成率分析

来源渠道	答卷/访问次数	完成率
手机提交	169/1192	14.18%
微信	81/807	10.04%
链接	51/289	17.65%

注：有效卷数为301；总访问数为2288；完成率为13.16%。

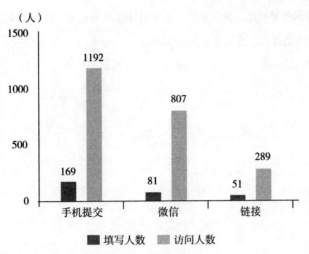

图1-1 校友访问、填写问卷人数统计一览图

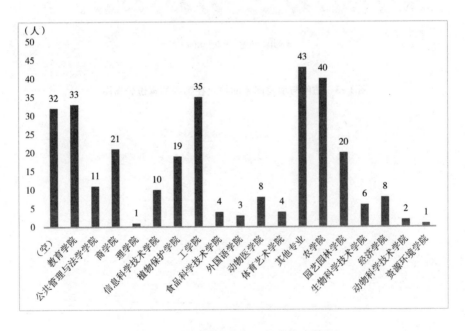

图1-2 有效答卷校友分布学院一览图

说明：来自继续教育学院、国际学院、东方科技学院的校友，他们的专业分布在其他学院中，没有填选学院，完成答卷人数32人。

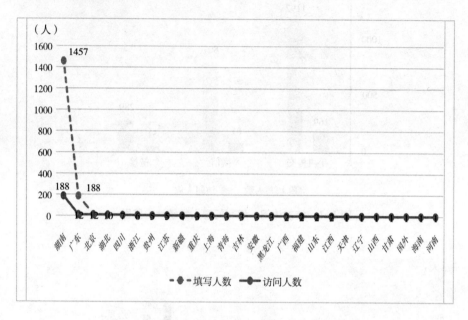

图1-3 访问与填写问卷的校友在国内的省份分布图

第二部分

专业人才培养供给方案的满意度调研

在设计调研问卷时，项目组根据湖南农业大学 2017 年人才培养方案（印制版），列出了该年各学院的全部专业，供参加调研的校友选择，同时备注：东方科技学院、国际学院、继续教育学院毕业的校友参照相关学院的专业进行选择。

一、各院毕业校友参与有效答题情况

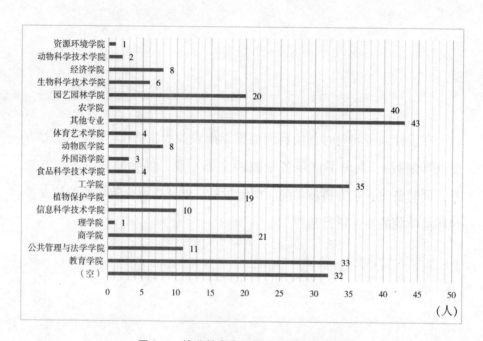

图 2-1　毕业校友参加调研的有效答卷数

　　注：继续教育学院、国际学院、东方科技学院的毕业校友没有填选学院，有效答卷数为 32 人。

二、人才培养阶段的选择

　　参与本调研所选择的人才培养阶段：本科占比 89.04%，硕士占比 10.96%，见图 2-2。

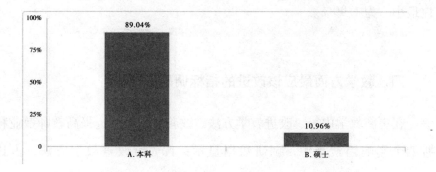

图 2-2 参加调研校友的学历结构构成图

三、人才培养基本要素对供给质量影响最大的指标调研

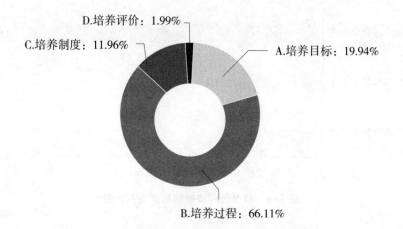

图 2-3 影响人才培养供给质量四要素占比图

图 2-3 显示：培养目标、培养过程、培养制度、培养评价四个影响要素，对人才培养供给质量影响最大的指标选项中，培养过程占比66.11%；培养目标占比 19.94%；培养制度占比 11.96%；培养评价占

比最小，为 1.99%。

四、教学方面最应该改进的指标调研

在更新教学内容、改进教学方法、改善教学条件、提高教师敬业精神四个影响因素当中，调研数据显示：首先宜改进教学方法，占比 45.85%；其次是更新教学内容，占比 33.55%；再次是改善教学条件，占比 13.96%；最后是提高教师敬业精神，占比最小，为 6.64%，见图 2-4。

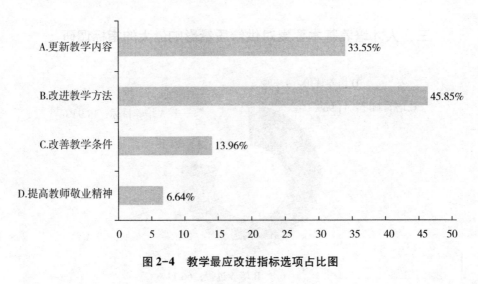

图 2-4　教学最应改进指标选项占比图

五、专业人才培养供给方案的满意度调研

调研组对专业人才培养供给方案设定了 27 个议项，对每个议项的满意度进行了调研。基于非常满意、满意、一般、不太满意、不满意，

分别赋予加权分为5、4、3、2、1；专业人才培养供给方案中，27个指标满意度调研的加权平均分为3.93。具体情况如下：

（一）人才培养方案总体状况

表2-1-1　人才培养方案的总体状况一览表

本题加权平均分：3.90

选项	小计	比例
非常满意	70	23.26%
满意	139	46.17%
一般	84	27.91%
不太满意	7	2.33%
不满意	1	0.33%
本题有效填写人次	301	

（二）培养目标

表2-1-2　培养目标满意度一览表

本题加权平均分：3.90

选项	小计	比例
非常满意	72	23.92%
满意	135	44.85%
一般	86	28.57%
不太满意	7	2.33%
不满意	1	0.33%
本题有效填写人次	301	

（三）培养要求

表 2-1-3　培养要求满意度一览表

本题加权平均分：3.89

选项	小计	比例
非常满意	72	23.92%
满意	135	44.85%
一般	83	27.58%
不太满意	11	3.65%
不满意	0	0
本题有效填写人次	301	

（四）主干学科设置

表 2-1-4　主干学科设置满意度一览表

本题加权平均分：3.97

选项	小计	比例
非常满意	73	24.25%
满意	151	50.17%
一般	71	23.59%
不太满意	6	1.99%
不满意	0	0
本题有效填写人次	301	

（五）核心课程

表 2-1-5　核心课程满意度一览表

本题加权平均分：4.01

选项	小计	比例
非常满意	77	25.58%
满意	156	51.83%
一般	63	20.93%
不太满意	4	1.33%
不满意	1	0.33%
本题有效填写人次	301	

（六）主要实践性教学环节

表 2-1-6　主要实践性教学环节满意度一览表

本题加权平均分：3.85

选项	小计	比例
非常满意	73	24.25%
满意	130	43.19%
一般	81	26.92%
不太满意	15	4.98%
不满意	2	0.66%
本题有效填写人次	301	

（七）主要专业实验

表 2-1-7 主要专业实验满意度一览表

本题加权平均分：3.86

选项	小计	比例
非常满意	71	23.59%
满意	130	43.19%
一般	87	28.90%
不太满意	12	3.99%
不满意	1	0.33%
本题有效填写人次	301	

（八）修业年限

表 2-1-8 修业年限满意度一览表

本题加权平均分：4.08

选项	小计	比例
非常满意	81	26.91%
满意	169	56.15%
一般	46	15.28%
不太满意	3	1.00%
不满意	2	0.66%
本题有效填写人次	301	

（九）学分要求

表 2-1-9　学分要求满意度一览表

本题加权平均分：4.00

选项	小计	比例
非常满意	71	23.59%
满意	171	56.81%
一般	50	16.61%
不太满意	7	2.33%
不满意	2	0.66%
本题有效填写人次	301	

（十）课程总体结构

表 2-1-10　课程总体结构满意度一览表

本题加权平均分：3.91

选项	小计	比例
非常满意	74	24.58%
满意	141	46.85%
一般	74	24.58%
不太满意	9	2.99%
不满意	3	1.00%
本题有效填写人次	301	

（十一）通识、通修课程设置

表 2-1-11　通识、通修课程设置满意度一览表

本题加权平均分：3.92

选项	小计	比例
非常满意	72	23.92%
满意	144	47.85%
一般	74	24.58%
不太满意	10	3.32%
不满意	1	0.33%
本题有效填写人次	301	

（十二）公共选修课程设置

表 2-1-12　公共选修课程设置满意度一览表

本题加权平均分：3.92

选项	小计	比例
非常满意	74	24.58%
满意	142	47.19%
一般	74	24.58%
不太满意	10	3.32%
不满意	1	0.33%
本题有效填写人次	301	

（十三）专业教育课程设置

表 2-1-13 专业教育课程设置满意度一览表

本题加权平均分：4.02

选项	小计	比例
非常满意	82	27.25%
满意	146	48.50%
一般	70	23.26%
不太满意	2	0.66%
不满意	1	0.33%
本题有效填写人次	301	

（十四）实践教育课程设置

表 2-1-14 实践教育课程设置满意度一览表

本题加权平均分：3.91

选项	小计	比例
非常满意	78	25.91%
满意	131	43.52%
一般	79	26.25%
不太满意	12	3.99%
不满意	1	0.33%
本题有效填写人次	301	

（十五）"六求"素质拓展活动设置

表2-1-15 "六求"素质拓展活动设置满意度一览表

本题加权平均分：3.97

选项	小计	比例
非常满意	86	28.57%
满意	134	44.52%
一般	70	23.26%
不太满意	9	2.99%
不满意	2	0.66%
本题有效填写人次	301	

（十六）实验课程设置

表2-1-16 实验课程设置满意度一览表

本题加权平均分：3.90

选项	小计	比例
非常满意	72	23.92%
满意	137	45.52%
一般	83	27.57%
不太满意	7	2.33%
不满意	2	0.66%
本题有效填写人次	301	

（十七）学分权重设置

表 2-1-17 学分权重设置满意度一览表

本题加权平均分：3.96

选项	小计	比例
非常满意	72	23.92%
满意	153	50.83%
一般	71	23.59%
不太满意	3	1.00%
不满意	2	0.66%
本题有效填写人次	301	

（十八）考试及考核方式

表 2-1-18 考试及考核方式满意度一览表

本题加权平均分：3.98

选项	小计	比例
非常满意	76	25.25%
满意	152	50.50%
一般	63	20.93%
不太满意	10	3.32%
不满意	0	0
本题有效填写人次	301	

（十九）课程内容设置的连续性

表 2-1-19 课程内容设置的连续性满意度一览表

本题加权平均分：3.94

选项	小计	比例
非常满意	76	25.25%
满意	145	48.18%
一般	68	22.59%
不太满意	11	3.65%
不满意	1	0.33%
本题有效填写人次	301	

（二十）各学期课程设置的均衡性

表 2-1-20 各学期课程设置的均衡性满意度一览表

本题加权平均分：3.90

选项	小计	比例
非常满意	73	24.25%
满意	150	49.84%
一般	54	17.94%
不太满意	22	7.31%
不满意	2	0.66%
本题有效填写人次	301	

(二十一) 课程体系

表 2-1-21 课程体系满意度一览表

本题加权平均分：4.02

选项	小计	比例
非常满意	79	26.25%
满意	155	51.50%
一般	61	20.26%
不太满意	5	1.66%
不满意	1	0.33%
本题有效填写人次	301	

(二十二) 培养过程

表 2-1-22 培养过程满意度一览表

本题加权平均分：3.91

选项	小计	比例
非常满意	77	25.58%
满意	131	43.53%
一般	83	27.57%
不太满意	9	2.99%
不满意	1	0.33%
本题有效填写人次	301	

（二十三）培养路径

表 2-1-23 培养路径满意度一览表

本题加权平均分：3.92

选项	小计	比例
非常满意	75	24.92%
满意	139	46.18%
一般	75	24.92%
不太满意	11	3.65%
不满意	1	0.33%
本题有效填写人次	301	

（二十四）培养制度

表 2-1-24 培养制度满意度一览表

本题加权平均分：3.95

选项	小计	比例
非常满意	77	25.58%
满意	140	46.51%
一般	76	25.25%
不太满意	7	2.33%
不满意	1	0.33%
本题有效填写人次	301	

（二十五）实施人才培养方案的方法与手段

表 2-1-25 实施人才培养方案的方法与手段满意度一览表

本题加权平均分：3.88

选项	小计	比例
非常满意	75	24.92%
满意	126	41.86%
一般	90	29.90%
不太满意	9	2.99%
不满意	1	0.33%
本题有效填写人次	301	

（二十六）培养供给方案与培养效果的吻合度

表 2-1-26 培养供给方案与培养效果的吻合度满意度一览表

本题加权平均分：3.86

选项	小计	比例
非常满意	71	23.59%
满意	129	42.86%
一般	89	29.57%
不太满意	11	3.65%
不满意	1	0.33%
本题有效填写人次	301	

（二十七）培养供给方案与社会需求的吻合度

表2-1-27 培养供给方案与社会需求的吻合度满意度一览表

本题加权平均分：3.83

选项	小计	比例
非常满意	73	24.25%
满意	129	42.86%
一般	76	25.25%
不太满意	21	6.98%
不满意	2	0.66%
本题有效填写人次	301	

在对27个议项的满意度开展调研后，经加权平均计算和统计，制作了专业人才培养供给方案27项指标满意度调研折线图，见图2-5。调研指标满意度从高到低，依次排列如下：修业年限4.08分，专业教育课程设置和课程体系4.02分，核心课程4.01分，学分要求4.00分，考试及考核方式3.98分，主干学科设置、"六求"素质拓展活动设置3.97分，学分权重设置3.96分，培养制度3.95分，课程内容设置的连续性3.94分，通识、通修课程设置及公共选修课程设置和培养路径3.92分，课程总体结构、实践教育课程设置和培养过程3.91分，人才培养方案总体状况、培养目标、实验课程设置和各学期课程设置的均衡性3.90分，培养要求3.89分、实施人才培养方案的方法与手段3.88分，主要专业实验、培养供给方案与培养效果的吻合度3.86分，主要实践性教学环节3.85分，培养供给方案与社会需求的吻合度3.83分，详见表2-2专业人才培养供给方案满意度一览表。

人才培养供给方案总体满意度调研情况，见图 2-5。

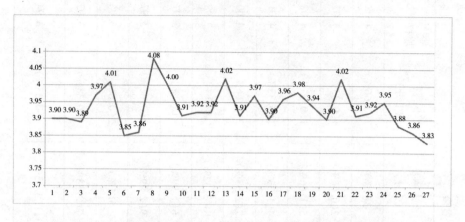

图 2-5 专业人才培养供给方案 27 项指标满意度调研的折线图

图 2-5 中，纵向值为满意度加权平均分；横向值分别为：

1. 人才培养方案总体状况 2. 培养目标

3. 培养要求 4. 主干学科设置

5. 核心课程 6. 主要实践性教学环节

7. 主要专业实验 8. 修业年限

9. 学分要求 10. 课程总体结构

11. 通识、通修课程设置 12. 公共选修课程设置

13. 专业教育课程设置 14. 实践教育课程设置

15. "六求"素质拓展活动设置 16. 实验课程设置

17. 学分权重设置 18. 考试及考核方式

19. 课程内容设置的连续性 20. 各学期课程设置的均衡性

21. 课程体系 22. 培养过程

23. 培养路径 24. 培养制度

25. 实施人才培养方案的方法与手段 26. 培养供给方案与培养效果的吻合度

27. 培养供给方案与社会需求的吻合度

表2-2　专业人才培养供给方案满意度一览表

题目/选项	非常满意 （5分）	满意 （4分）	一般 （3分）	不大满意 （2分）	不满意 （1分）	加权平均分
（1）修业年限	81（26.91%）	169（56.15%）	46（15.28%）	3（1%）	2（0.66%）	4.08
（2）专业教育课程设置	82（27.24%）	146（48.5%）	70（23.26%）	2（0.66%）	1（0.33%）	4.02
（3）课程体系	79（26.25%）	155（51.5%）	61（20.27%）	5（1.66%）	1（0.33%）	4.02
（4）核心课程	77（25.58%）	156（51.83%）	63（20.93%）	4（1.33%）	1（0.33%）	4.01
（5）学分要求	71（23.59%）	171（56.81%）	50（16.61%）	7（2.33%）	2（0.66%）	4.00
（6）考试及考核方式	76（25.25%）	152（50.5%）	63（20.93%）	10（3.32%）	0（0%）	3.98
（7）主干学科设置	73（24.25%）	151（50.17%）	71（23.59%）	6（1.99%）	0（0%）	3.97
（8）"六求"素质拓展设置	86（28.57%）	134（44.52%）	70（23.26%）	9（2.99%）	2（0.66%）	3.97
（9）学分权重设置	72（23.92%）	153（50.83%）	71（23.59%）	3（1%）	2（0.66%）	3.96
（10）培养制度	77（25.58%）	140（46.51%）	76（25.25%）	7（2.33%）	1（0.33%）	3.95
（11）课程内容设置的连续性	76（25.25%）	145（48.17%）	68（22.59%）	11（3.65%）	1（0.33%）	3.94

续表（表2-2）

题目/选项	非常满意（5分）	满意（4分）	一般（3分）	不大满意（2分）	不满意（1分）	加权平均分
（12）通识、通修课程设置	72（23.92%）	144（47.84%）	74（24.58%）	10（3.32%）	1（0.33%）	3.92
（13）公共选修课程设置	74（24.58%）	142（47.18%）	74（24.58%）	10（3.32%）	1（0.33%）	3.92
（14）培养路径	75（24.92%）	139（46.18%）	75（24.92%）	11（3.65%）	1（0.33%）	3.92
（15）课程总体结构	74（24.58%）	141（46.84%）	74（24.58%）	9（2.99%）	3（1%）	3.91
（16）实践教育课程设置	78（25.91%）	131（43.52%）	79（26.25%）	12（3.99%）	1（0.33%）	3.91
（17）培养过程	77（25.58%）	131（43.52%）	83（27.57%）	9（2.99%）	1（0.33%）	3.91
（18）人才培养方案总体状况	70（23.26%）	139（46.18%）	84（27.91%）	7（2.33%）	1（0.33%）	3.90
（19）培养目标	72（23.92%）	135（44.85%）	86（28.57%）	7（2.33%）	1（0.33%）	3.90
（20）实验课程设置	72（23.92%）	137（45.51%）	83（27.57%）	7（2.33%）	2（0.66%）	3.90
（21）各学期课程设置的均衡性	73（24.25%）	150（49.83%）	54（17.94%）	22（7.31%）	2（0.66%）	3.90

续表（表2-2）

题目/选项	非常满意（5分）	满意（4分）	一般（3分）	不大满意（2分）	不满意（1分）	加权平均分
（22）培养要求	72(23.92%)	135(44.85%)	83(27.57%)	11(3.65%)	0(0%)	3.89
（23）实施人才培养方案的方法手段	75(24.92%)	126(41.86%)	90(29.9%)	9(2.99%)	1(0.33%)	3.88
（24）主要专业实验	71(23.59%)	130(43.19%)	87(28.9%)	12(3.99%)	1(0.33%)	3.86
（25）培养供给方案与培养效果的吻合度	71(23.59%)	129(42.86%)	89(29.57%)	11(3.65%)	1(0.33%)	3.86
（26）主要实践性教学环节	73(24.25%)	130(43.19%)	81(26.91%)	15(4.98%)	2(0.66%)	3.85
（27）培养供给方案与社会需求的吻合度	73(24.25%)	129(42.86%)	76(25.25%)	21(6.98%)	2(0.66%)	3.83
小计	2022(24.88%)	3840(47.25%)	1981(24.38%)	250(3.08%)	34(0.42%)	3.93

注："六求"指求真、求善、求美、求实、求特、求强。

研究表明：可重点从以下方面着手，优化人才培养供给。

第一，加大专业人才培养供给方案与社会需求的吻合度。

第二，加强主要实践性教学。

第三，加大专业人才培养供给与培养效果的吻合度。

第四，提高主要专业实验的满意度。

第五，改进人才培养的方法与手段。

第六，改善人才培养方案总体状况。

简而言之，专业人才培养供给方案满意度调研中，满意度加权平均分相对靠后的指标项，是人才培养供给侧改革的突破口。

第三部分

实际教育教学服务环节的重要度与满意度调研

我们调研组为实际教育教学服务环节设置了 75 项指标，对每一项指标的重要度和满意度分别进行了调研，其中重要度分为非常重要、重要、一般、不太重要、不重要 5 种程度，满意度分为非常满意、满意、一般、不太满意、不满意 5 种程度，并分别赋予 5、4、3、2、1 的权重值，其调研统计数据和加权平均分见表 3-1 和表 3-2。

表 3-1 实际教育教学服务环节重要度一览表

序号	调研选项	非常重要 5	重要 4	一般 3	不太重要 2	不重要 1	加权平均分
1	选修课程的数量	114(37.87%)	139(46.18%)	39(12.96%)	9(2.99%)	0	4.19
2	实验、实践及实习的机会	223(74.09%)	69(22.92%)	9(2.99%)	0	0	4.71
3	课程目标偏重于学科或专业知识	166(55.15%)	118(39.20%)	14(4.65%)	3(1.00%)	0	4.49
4	课程目标偏重于学生发展需要	185(61.46%)	99(32.89%)	16(5.32%)	0	1(0.33%)	4.55
5	课程目标偏重于职业的人力需求	146(48.50%)	134(44.53%)	20(6.64%)	1(0.33%)	0	4.41
6	授课教师明确告诉学生课程目标	144(47.84%)	141(46.85%)	15(4.98%)	1(0.33%)	0	4.42
7	课程目标易于理解并具可测量性	130(43.19%)	153(50.83%)	18(5.98%)	0	0	4.37
8	教学内容紧密服务于课程目标	142(47.18%)	139(46.18%)	20(6.64%)	0	0	4.41

续表（表3-1）

序号	调研选项	非常重要 5	重要 4	一般 3	不太重要 2	不重要 1	加权平均分
9	教学内容符合学生的兴趣	138(45.85%)	129(42.86%)	32(10.63%)	1(0.33%)	1(0.33%)	4.34
10	教学内容符合学生的学习能力	133(44.19%)	148(49.17%)	18(5.98%)	1(0.33%)	1(0.33%)	4.37
11	教学内容的前沿性	175(58.14%)	117(38.87%)	9(2.99%)	0	0	4.55
12	教学内容的清晰性	160(53.16%)	131(43.52%)	10(3.32%)	0	0	4.50
13	知识传授与能力训练的一致性	155(51.50%)	131(43.52%)	13(4.32%)	1(0.33%)	1(0.33%)	4.46
14	教学时间分配的合理性	132(43.85%)	152(50.50%)	16(5.32%)	1(0.33%)	0	4.38
15	专业实验、实践和实习的效果	187(62.13%)	106(35.21%)	8(2.66%)	0	0	4.59
16	参与各种科研活动的机会	156(51.83%)	129(42.85%)	16(5.32%)	0	0	4.47

续表（表3-1）

序号	调研选项	非常重要 5	重要 4	一般 3	不大重要 2	不重要 1	加权平均分
17	教室设施设备的满足程度	120(39.87%)	152(50.50%)	28(9.30%)	1(0.33%)	0	4.30
18	实验室设备的满足程度	142(47.17%)	143(47.51%)	16(5.32%)	0	0	4.42
19	教学管理制度的完善性	144(47.84%)	144(47.84%)	13(4.32%)	0	0	4.44
20	教学管理人员的态度	140(46.51%)	152(50.50%)	9(2.99%)	0	0	4.44
21	教学的组织与管理	138(45.85%)	149(49.50%)	14(4.65%)	0	0	4.41
22	教学质量监控体系的完善性	131(43.52%)	153(50.83%)	16(5.32%)	1(0.33%)	0	4.38
23	教师对学生学习情况反馈的及时把控	150(49.82%)	137(45.51%)	14(4.65%)	0	0	4.45
24	教师对学生评价的客观性	139(46.18%)	148(49.17%)	14(4.65%)	0	0	4.42

续表（表3-1）

序号	调研选项	非常重要 5	重要 4	一般 3	不大重要 2	不重要 1	加权平均分
25	班级规模的合理性	118(39.20%)	151(50.17%)	28(9.30%)	4(1.33%)	0	4.27
26	授课教师的教学水平	180(59.80%)	114(37.87%)	7(2.33%)	0	0	4.57
27	授课教师的科研水平	151(50.16%)	133(44.19%)	17(5.65%)	0	0	4.45
28	授课教师的敬业精神	184(61.13%)	110(36.54%)	7(2.33%)	0	0	4.59
29	教师的教学投入	165(54.82%)	128(42.52%)	8(2.66%)	0	0	4.52
30	师德	195(64.78%)	100(33.23%)	6(1.99%)	0	0	4.63
31	教师对教育教学工作的责任感	183(60.80%)	114(37.87%)	4(1.33%)	0	0	4.59
32	教师的教学态度	82(27.24%)	180(59.80%)	36(11.96%)	1(0.33%)	2(0.67%)	4.13

续表（表3-1）

序号	调研选项	非常重要 5	重要 4	一般 3	不大重要 2	不重要 1	加权平均分
33	图书馆工作人员的态度	85(28.24%)	178(59.14%)	36(11.96%)	1(0.33%)	1(0.33%)	4.15
34	图书馆管理员解答疑问的效果	74(24.58%)	163(54.15%)	52(17.28%)	8(2.66%)	4(1.33%)	3.98
35	图书馆对学生个性化需求的关注程度	63(20.93%)	157(52.16%)	69(22.92%)	10(3.32%)	2(0.67%)	3.89
36	图书馆开展的培训活动	65(21.59%)	142(47.18%)	79(26.25%)	13(4.32%)	2(0.66%)	3.85
37	图书馆开、闭馆时间的合理程度	54(17.94%)	129(42.86%)	104(34.55%)	11(3.65%)	3(1.00%)	3.73
38	图书馆馆际互借与文献传递服务	78(25.91%)	169(56.15%)	44(14.62%)	5(1.66%)	5(1.66%)	4.03
39	图书馆对意见或建议的回复与反馈	70(23.26%)	161(53.49%)	64(21.26%)	5(1.66%)	1(0.33%)	3.98
40	图书馆网站（主页）满足信息需求的程度	63(20.93%)	155(51.50%)	75(24.92%)	6(1.99%)	2(0.66%)	3.90

续表（表3-1）

序号	调研选项	非常重要 5	重要 4	一般 3	不大重要 2	不重要 1	加权平均分
41	图书馆提供便利的寄存、休闲服务	66(21.93%)	151(50.16%)	75(24.92%)	7(2.33%)	2(0.66%)	3.90
42	纸质图书满足需求的程度	77(25.58%)	145(48.17%)	68(22.59%)	8(2.66%)	3(1.00%)	3.95
43	纸质期刊满足需求的程度	67(22.26%)	175(58.14%)	55(18.27%)	4(1.33%)	0	4.01
44	查找纸质文献的方便程度	68(22.59%)	155(51.50%)	69(22.92%)	8(2.66%)	1(0.33%)	3.93
45	电子资源（各类数据库）满足需求的程度	68(22.59%)	154(51.16%)	75(24.92%)	3(1.00%)	1(0.33%)	3.95
46	图书馆信息化程度（无线网络、上网机房）	71(23.59%)	151(50.16%)	71(23.59%)	5(1.66%)	3(1.00%)	3.94
47	图书馆桌椅、书架的舒适程度	60(19.93%)	131(43.52%)	83(27.58%)	23(7.64%)	4(1.33%)	3.73
48	图书馆各种方位指引和标识	77(25.58%)	167(55.48%)	51(16.94%)	4(1.33%)	2(0.67%)	4.04

40

续表（表3-1）

序号	调研选项	非常重要 5	重要 4	一般 3	不太重要 2	不重要 1	加权平均分
49	辅导员的思想政治教育工作	71(23.59%)	182(60.47%)	46(15.28%)	0	2(0.66%)	4.06
50	奖助学金评定程序的透明性	92(30.56%)	159(52.82%)	39(12.96%)	8(2.66%)	3(1.00%)	4.09
51	奖助学金评定程序的公平性	73(24.25%)	154(51.16%)	57(18.94%)	12(3.99%)	5(1.66%)	3.92
52	勤工助学岗位数量满足需求的程度	71(23.59%)	149(49.50%)	66(21.93%)	11(3.65%)	4(1.33%)	3.90
53	校内有偿工作机会	66(21.93%)	149(49.50%)	75(24.92%)	10(3.32%)	1(0.33%)	3.89
54	心理咨询工作	59(19.60%)	137(45.51%)	88(29.24%)	13(4.32%)	4(1.33%)	3.78
55	就业指导工作	65(21.59%)	136(45.19%)	92(30.56%)	7(2.33%)	1(0.33%)	3.85
56	行政管理人员的服务态度	68(22.59%)	129(42.86%)	82(27.24%)	17(5.65%)	5(1.66%)	3.79

续表（表3-1）

序号	调研选项	非常重要 5	重要 4	一般 3	不大重要 2	不重要 1	加权平均分
57	校园整体布局的合理性	65(21.59%)	142(47.19%)	72(23.92%)	11(3.65%)	11(3.65%)	3.79
58	校园自然环境	104(34.55%)	154(51.16%)	41(13.62%)	2(0.67%)	0	4.20
59	体育娱乐设施设备满足需要的程度	152(50.50%)	124(41.20%)	23(7.64%)	2(0.66%)	0	4.42
60	体育娱乐设施收费的合理性	69(22.93%)	141(46.84%)	74(24.58%)	14(4.65%)	3(1.00%)	3.86
61	体育文化活动满足需求的程度	59(19.60%)	131(43.52%)	81(26.91%)	26(8.64%)	4(1.33%)	3.71
62	各类科技知识竞赛	58(19.27%)	148(49.17%)	83(27.57%)	8(2.66%)	4(1.33%)	3.82
63	体育类比赛	62(20.60%)	159(52.82%)	72(23.92%)	7(2.33%)	1(0.33%)	3.91
64	才艺类的表演及比赛	64(21.26%)	160(53.16%)	73(24.25%)	4(1.33%)	0	3.94

续表（表3-1）

序号	调研选项	非常重要 5	重要 4	一般 3	不大重要 2	不重要 1	加权平均分
65	社团种类的多样性	66(21.93%)	169(56.15%)	61(20.26%)	5(1.66%)	0	3.98
66	社团活动效果	69(22.92%)	166(55.15%)	62(20.60%)	2(0.67%)	2(0.66%)	3.99
67	学术讲座的吸引力	67(22.26%)	138(45.85%)	88(29.24%)	6(1.99%)	2(0.66%)	3.87
68	学术讲座内容的前沿性	70(23.26%)	135(44.85%)	78(25.91%)	16(5.32%)	2(0.66%)	3.85
69	学校校风	67(22.26%)	154(51.16%)	71(23.59%)	5(1.66%)	4(1.33%)	3.91
70	学校教风	79(26.25%)	161(53.48%)	54(17.94%)	4(1.33%)	3(1.00%)	4.03
71	学校学风	72(23.92%)	173(57.48%)	51(16.94%)	3(1.00%)	2(0.66%)	4.03
72	学校规章制度的完善性	78(25.91%)	160(53.16%)	55(18.27%)	5(1.66%)	3(1.00%)	4.01

续表（表3-1）

序号	调研选项	非常重要 5	重要 4	一般 3	不大重要 2	不重要 1	加权平均分
73	学校对学生反馈意见处理的及时性	65(21.59%)	168(55.81%)	64(21.27%)	3(1.00%)	1(0.33%)	3.97
74	学校对学生所反映的重视程度意见的	68(22.59%)	142(47.18%)	77(25.58%)	12(3.99%)	2(0.66%)	3.87
75	学校总体上提供的学习资源与服务	68(22.59%)	140(46.51%)	84(27.91%)	6(1.99%)	3(1.00%)	3.88

44

表 3-2　实际教育教学服务环节满意度一览表

序号	调研选项	非常满意 5	满意 4	一般 3	不大满意 2	不满意 1	加权平均分
1	选修课程的数量	69(22.92%)	156(51.84%)	69(22.92%)	6(1.99%)	1(0.33%)	3.95
2	实验、实践及实习的机会	70(23.26%)	132(43.85%)	80(26.57%)	16(5.32%)	3(1.00%)	3.83
3	课程目标偏重于学科或专业知识	63(20.93%)	156(51.83%)	77(25.58%)	4(1.33%)	1(0.33%)	3.92
4	课程目标偏重于学生发展需要	59(19.60%)	139(46.17%)	91(30.23%)	10(3.32%)	2(0.66%)	3.81
5	课程目标偏重于职业的人力需求	59(19.60%)	122(40.53%)	108(35.88%)	9(2.99%)	3(1.00%)	3.75
6	授课教师明确告诉学生课程目标	60(19.93%)	154(51.16%)	78(25.92%)	8(2.66%)	1(0.33%)	3.88
7	课程目标易于理解并具可测量性	60(19.93%)	153(50.83%)	84(27.92%)	2(0.66%)	2(0.66%)	3.89
8	教学内容紧密服务于课程目标	55(18.27%)	165(54.82%)	76(25.25%)	4(1.33%)	1(0.33%)	3.89

续表（表3-2）

| 序号 | 调研选项 | 非常满意 | 满意 | 一般 | 不太满意 | 不满意 | 加权平均分 |
		5	4	3	2	1	
9	教学内容符合学生的兴趣	50(16.61%)	144(47.84%)	97(32.23%)	8(2.66%)	2(0.66%)	3.77
10	教学内容符合学生的学习能力	55(18.27%)	170(56.48%)	69(22.93%)	5(1.66%)	2(0.66%)	3.90
11	教学内容的前沿性	57(18.94%)	142(47.18%)	89(29.57%)	12(3.98%)	1(0.33%)	3.80
12	教学内容的清晰性	67(22.26%)	157(52.16%)	69(22.92%)	6(1.99%)	2(0.67%)	3.93
13	知识传授与能力训练的一致性	63(20.93%)	148(49.17%)	78(25.91%)	8(2.66%)	4(1.33%)	3.86
14	教学时间分配的合理性	63(20.93%)	154(51.16%)	72(23.92%)	10(3.32%)	2(0.67%)	3.88
15	专业实验、实践和实习的效果	74(24.58%)	135(44.85%)	76(25.25%)	11(3.65%)	5(1.67%)	3.87
16	参与各种科研活动的机会	62(20.60%)	120(39.86%)	93(30.90%)	23(7.64%)	3(1.00%)	3.71

46

续表（表3-2）

序号	调研选项	非常满意 5	满意 4	一般 3	不大满意 2	不满意 1	加权平均分
17	教室设施设备的满足程度	69(22.92%)	149(49.50%)	67(22.26%)	11(3.66%)	4(1.33%)	3.88
18	实验室设备的满足程度	62(20.60%)	147(48.84%)	79(26.25%)	11(3.65%)	2(0.66%)	3.85
19	教学管理制度的完善性	63(20.93%)	165(54.82%)	64(21.26%)	9(2.99%)	0	3.94
20	教学管理人员的态度	72(23.92%)	162(53.82%)	58(19.27%)	8(2.66%)	1(0.33%)	3.98
21	教学的组织与管理	73(24.25%)	164(54.49%)	57(18.94%)	6(1.99%)	1(0.33%)	4.00
22	教学质量监控体系的完善性	61(20.27%)	161(53.49%)	73(24.25%)	4(1.33%)	2(0.66%)	3.91
23	教师对学生学习情况反馈的及时把控	66(21.93%)	145(48.17%)	78(25.91%)	11(3.65%)	1(0.33%)	3.88
24	教师对学生评价的客观性	62(20.60%)	168(55.81%)	66(21.93%)	5(1.66%)	0	3.95

续表（表3-2）

序号	调研选项	非常满意 5	满意 4	一般 3	不太满意 2	不满意 1	加权平均分
25	班级规模的合理性	86(28.57%)	164(54.49%)	43(14.29%)	6(1.99%)	2(0.66%)	4.08
26	授课教师的教学水平	70(23.26%)	173(57.47%)	50(16.61%)	5(1.66%)	3(1.00%)	4.00
27	授课教师的科研水平	71(23.59%)	164(54.49%)	62(20.60%)	2(0.66%)	2(0.66%)	4.00
28	授课教师的敬业精神	79(26.25%)	174(57.81%)	40(13.29%)	6(1.99%)	2(0.66%)	4.07
29	教师的教学投入	71(23.59%)	178(59.14%)	47(15.61%)	4(1.33%)	1(0.33%)	4.04
30	师德	98(32.56%)	176(58.47%)	25(8.31%)	0	2(0.66%)	4.22
31	教师对教育教学工作的责任感	82(27.24%)	180(59.80%)	36(11.96%)	1(0.33%)	2(0.67%)	4.13
32	教师的教学态度	176(58.48%)	119(39.53%)	6(1.99%)	0	0	4.56

续表（表3-2）

序号	调研选项	非常满意 5	满意 4	一般 3	不大满意 2	不满意 1	加权平均分
33	图书馆工作人员的态度	131(43.52%)	146(48.51%)	20(6.64%)	4(1.33%)	0	4.34
34	图书馆管理员解答疑问的效果	121(40.20%)	143(47.51%)	35(11.63%)	2(0.66%)	0	4.27
35	图书馆对学生个性化需求的关注程度	131(43.52%)	145(48.17%)	21(6.98%)	4(1.33%)	0	4.34
36	图书馆开展的培训活动	103(34.22%)	142(47.18%)	51(16.94%)	5(1.66%)	0	4.14
37	图书馆开、闭馆时间的合理程度	136(45.18%)	150(49.84%)	14(4.65%)	1(0.33%)	0	4.40
38	图书馆馆际互借与文献传递服务	125(41.53%)	155(51.50%)	20(6.64%)	1(0.33%)	0	4.34
39	图书馆对意见或建议的回复与反馈	111(36.88%)	162(53.82%)	28(9.30%)	0	0	4.28
40	图书馆网站（主页）满足信息需求的程度	138(45.85%)	145(48.17%)	16(5.32%)	2(0.66%)	0	4.39

续表（表3-2）

| 序号 | 调研选项 | 非常满意 | 满意 | 一般 | 不大满意 | 不满意 | 加权 |
		5	4	3	2	1	平均分
41	图书馆提供便利的寄存、休闲服务	112(37.21%)	140(46.51%)	41(13.62%)	7(2.33%)	1(0.33%)	4.18
42	纸质图书满足需求的程度	135(44.85%)	149(49.50%)	17(5.65%)	0	0	4.39
43	纸质期刊满足需求的程度	118(39.20%)	153(50.83%)	29(9.64%)	1(0.33%)	0	4.29
44	查找纸质文献的方便程度	132(43.85%)	153(50.82%)	15(4.98%)	1(0.33%)	0	4.38
45	电子资源（各类数据库）满足需求的程度	151(50.16%)	142(47.18%)	7(2.33%)	1(0.33%)	0	4.47
46	图书馆信息化程度（无线网络、上网机房）	140(46.51%)	146(48.50%)	14(4.66%)	0	1(0.33%)	4.41
47	图书馆桌椅、书架的舒适程度	110(36.54%)	154(51.16%)	35(11.63%)	2(0.67%)	0	4.24
48	图书馆各种方位指引和标识	117(38.87%)	158(52.49%)	25(8.31%)	1(0.33%)	0	4.30

续表（表3-2）

序号	调研选项	非常满意 5	满意 4	一般 3	不大满意 2	不满意 1	加权平均分
49	辅导员的思想政治教育工作	149(49.50%)	128(42.52%)	21(6.98%)	2(0.67%)	1(0.33%)	4.40
50	奖助学金评定程序的透明性	176(58.47%)	116(38.54%)	9(2.99%)	0	0	4.55
51	奖助学金评定程序的公平性	177(58.80%)	117(38.87%)	7(2.33%)	0	0	4.56
52	勤工助学岗位数量满足需求的程度	114(37.87%)	166(55.15%)	18(5.98%)	3(1.00%)	0	4.30
53	校内有偿工作机会	118(39.20%)	149(49.50%)	32(10.64%)	1(0.33%)	1(0.33%)	4.27
54	心理咨询工作	148(49.17%)	134(44.52%)	16(5.32%)	2(0.66%)	1(0.33%)	4.42
55	就业指导工作	166(55.15%)	122(40.53%)	10(3.32%)	1(0.33%)	2(0.67%)	4.49
56	行政管理人员的服务态度	143(47.51%)	143(47.51%)	15(4.98%)	0	0	4.43

续表（表3-2）

序号	调研选项	非常满意 5	满意 4	一般 3	不大满意 2	不满意 1	加权平均分
57	校园整体布局的合理性	120（39.86%）	155（51.50%）	25（8.31%）	1（0.33%）	0	4.31
58	校园自然环境	147（48.84%）	141（46.84%）	13（4.32%）	0	0	4.45
59	体育娱乐设施设备满足需要的程度	122（40.53%）	158（52.49%）	18（5.98%）	3（1.00%）	0	4.33
60	体育娱乐设施收费的合理性	106（35.22%）	153（50.83%）	40（13.29%）	1（0.33%）	1（0.33%）	4.20
61	体育文化活动满足需求的程度	111（36.88%）	159（52.82%）	28（9.30%）	2（0.67%）	1（0.33%）	4.25
62	各类科技知识竞赛	125（41.53%）	147（48.84%）	28（9.30%）	0	1（0.33%）	4.31
63	体育类比赛	107（35.55%）	164（54.49%）	28（9.30%）	1（0.33%）	1（0.33%）	4.25
64	才艺类的表演及比赛	99（32.89%）	163（54.15%）	36（11.96%）	2（0.67%）	1（0.33%）	4.19

52

续表（表3-2）

序号	调研选项	非常满意 5	满意 4	一般 3	不太满意 2	不满意 1	加权平均分
65	社团种类的多样性	118(39.20%)	152(50.50%)	28(9.30%)	2(0.67%)	1(0.33%)	4.28
66	社团活动效果	106(35.22%)	156(51.83%)	36(11.96%)	2(0.66%)	1(0.33%)	4.21
67	学术讲座的吸引力	142(47.18%)	139(46.18%)	17(5.64%)	3(1.00%)	0	4.40
68	学术讲座内容的前沿性	148(49.17%)	143(47.51%)	8(2.66%)	1(0.33%)	1(0.33%)	4.45
69	学校校风	177(58.80%)	115(38.21%)	9(2.99%)	0	0	4.56
70	学校教风	180(59.80%)	115(38.21%)	5(1.66%)	1(0.33%)	0	4.57
71	学校学风	189(62.79%)	104(34.55%)	8(2.66%)	0	0	4.60
72	学校规章制度的完善性	156(51.83%)	136(45.18%)	9(2.99%)	0	0	4.49

续表（表3-2）

| 序号 | 调研选项 | 非常满意 | 满意 | 一般 | 不大满意 | 不满意 | 加权平均分 |
		5	4	3	2	1	
73	学校对学生反馈意见处理的及时性	155(51.50%)	134(44.51%)	12(3.99%)	0	0	4.48
74	学校对学生所反映合理意见的重视程度	145(48.17%)	140(46.51%)	16(5.32%)	0	0	4.43
75	学校总体上提供的学习资源与服务	152(50.50%)	139(46.18%)	10(3.32%)	0	0	4.47

实际教育教学服务环节的重要度与满意度加权平均分汇总，详见表3-3；实际教育教学服务环节的重要度与满意度调研折线图，详见图3-1。

表3-3 实际教育教学环节重要度与满意度加权平均分汇总表

序号	项目	重要度	满意度
1	选修课程的数量	4.19	3.95
2	实验、实践及实习的机会	4.71	3.83
3	课程目标偏重于学科或专业知识	4.49	3.92
4	课程目标偏重于学生发展需要	4.55	3.81
5	课程目标偏重于职业的人力需求	4.41	3.75
6	授课教师明确告诉学生课程目标	4.42	3.88
7	课程目标易于理解并具可测量性	4.37	3.89
8	教学内容紧密服务于课程目标	4.41	3.89
9	教学内容符合学生的兴趣	4.34	3.77
10	教学内容符合学生的学习能力	4.37	3.90
11	教学内容的前沿性	4.55	3.80
12	教学内容的清晰性	4.50	3.93
13	知识传授与能力训练的一致性	4.46	3.86
14	教学时间分配的合理性	4.38	3.88
15	专业实验、实践和实习的效果	4.59	3.87
16	参与各种科研活动的机会	4.47	3.71
17	教室设施设备的满足程度	4.30	3.88
18	实验室设备的满足程度	4.42	3.85
19	教学管理制度的完善性	4.44	3.94
20	教学管理人员的态度	4.44	3.98
21	教学的组织与管理	4.41	4.00

续表（3-3）

序号	项目	重要度	满意度
22	教学质量监控体系的完善性	4.38	3.91
23	教师对学生学习情况反馈的及时把控	4.45	3.88
24	教师对学生评价的客观性	4.42	3.95
25	班级规模的合理性	4.27	4.08
26	授课教师的教学水平	4.57	4.00
27	授课教师的科研水平	4.45	4.00
28	授课教师的敬业精神	4.59	4.07
29	教师的教学投入	4.52	4.04
30	师德	4.63	4.22
31	教师对教育教学工作的责任感	4.59	4.13
32	教师的教学态度	4.13	4.56
33	图书馆工作人员的态度	4.15	4.34
34	图书馆管理员解答疑问的效果	3.98	4.27
35	图书馆对学生个性化需求的关注程度	3.89	4.34
36	图书馆开展的培训活动	3.85	4.14
37	图书馆开、闭馆时间的合理程度	3.73	4.40
38	图书馆馆际互借与文献传递服务	4.03	4.34
39	图书馆对意见或建议的回复与反馈	3.98	4.28
40	图书馆网站（主页）满足信息需求的程度	3.90	4.39
41	图书馆提供便利的寄存、休闲服务	3.90	4.18
42	纸质图书满足需求的程度	3.95	4.39
43	纸质期刊满足需求的程度	4.01	4.29

序号	项目	重要度	满意度
44	查找纸质文献的方便程度	3.93	4.38
45	电子资源（各类数据库）满足需求的程度	3.95	4.47
46	图书馆信息化程度（无线网络、上网机房）	3.94	4.41
47	图书馆桌椅、书架的舒适程度	3.73	4.24
48	图书馆各种方位指引和标识	4.04	4.30
49	辅导员的思想政治教育工作	4.06	4.40
50	奖助学金评定程序的透明性	4.09	4.55
51	奖助学金评定程序的公平性	3.92	4.56
52	勤工助学岗位数量满足需求的程度	3.90	4.30
53	校内有偿工作机会	3.89	4.27
54	心理咨询工作	3.78	4.42
55	就业指导工作	3.85	4.49
56	行政管理人员的服务态度	3.79	4.43
57	校园整体布局的合理性	3.79	4.31
58	校园自然环境	4.20	4.45
59	体育娱乐设施设备满足需要的程度	4.42	4.33
60	体育娱乐设施收费的合理性	3.86	4.20
61	体育文化活动满足需求的程度	3.71	4.25
62	各类科技知识竞赛	3.82	4.31
63	体育类比赛	3.91	4.25
64	才艺类的表演及比赛	3.94	4.19
65	社团种类的多样性	3.98	4.28

续表（3-3）

序号	项目	重要度	满意度
66	社团活动效果	3.99	4.21
67	学术讲座的吸引力	3.87	4.40
68	学术讲座内容的前沿性	3.85	4.45
69	学校校风	3.91	4.56
70	学校教风	4.03	4.57
71	学校学风	4.03	4.60
72	学校规章制度的完善性	4.01	4.49
73	学校对学生反馈意见处理的及时性	3.97	4.48
74	学校对学生所反映合理意见的重视程度	3.87	4.43
75	学校总体上提供的学习资源与服务	3.88	4.47

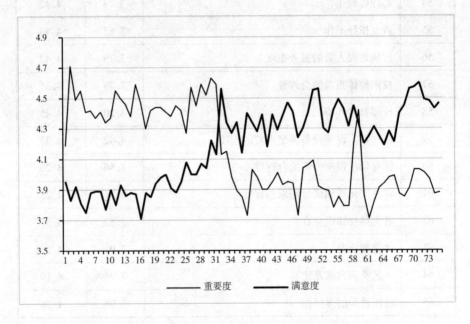

图3-1 实际教育教学服务环节的重要度与满意度调研折线图

经实际教育教学服务环节的满意度与重要度调研，发现重要度高于满意度均值指标有 32 项（见表 3-5），满意度高于重要度均值指标有 43 项（见表 3-6）。

表 3-5　实际教育教学服务环节指标项重要度高于满意度一览表

序号	指标项	重要度	满意度	比对差额
1	实验、实践及实习的机会	4.71	3.83	0.88
2	参与各种科研活动的机会	4.47	3.71	0.76
3	教学内容的前沿性	4.55	3.80	0.75
4	课程目标偏重于学生发展需要	4.55	3.81	0.74
5	专业实验、实践和实习的效果	4.59	3.87	0.72
6	课程目标偏重于职业的人力需求	4.41	3.75	0.66
7	知识传授与能力训练的一致性	4.46	3.86	0.6
8	授课教师的教学水平	4.57	4.00	0.57
9	课程目标偏重于学科或专业知识	4.49	3.92	0.57
10	对学生学习情况反馈的及时把控	4.45	3.88	0.57
11	实验室设备的满足程度	4.42	3.85	0.57
12	教学内容符合学生的兴趣	4.34	3.77	0.57
13	教学内容的清晰性	4.5	3.93	0.57
14	授课教师明确告诉学生课程目标	4.42	3.88	0.54
15	教学内容紧密服务于课程目标	4.41	3.89	0.52
16	授课教师的敬业精神	4.59	4.07	0.52
17	教学管理制度的完善性	4.44	3.94	0.5
18	教学时间分配的合理性	4.38	3.88	0.5
19	课程目标易于理解并具可测量性	4.37	3.89	0.48
20	教师教学投入	4.52	4.04	0.48

序号	指标项	重要度	满意度	比对差额
21	教学内容符合学生的学习能力	4.37	3.90	0.47
22	教学质量监控体系的完善性	4.38	3.91	0.47
23	教师对学生评价的客观性	4.42	3.95	0.47
24	教学管理人员的态度	4.44	3.98	0.46
25	教师教育教学工作的责任感	4.59	4.13	0.46
26	授课教师的科研水平	4.45	4.00	0.45
27	教室设施设备的满足程度	4.3	3.88	0.42
28	师德	4.63	4.22	0.41
29	教学的组织与管理	4.41	4.00	0.41
30	选修课程的数量	4.19	3.95	0.24
31	班级规模的合理性	4.27	4.08	0.19
32	体育娱乐设施设备满足需要的程度	4.42	4.33	0.09

研究显示：表3-5所列的实验、实践及实习的机会等32个指标项的重要度高于满意度，高出值由高到低排列。在实际教育教学服务环节中，适当提高这32个指标项的满意度，是人才培养供给侧改革的重要抓手。

表3-6 实际教育教学服务环节指标项满意度高于重要度一览表

序号	指标项	重要度	满意度	比对差额
1	图书馆开、闭馆时间的合理程度	3.73	4.40	0.67
2	校风	3.91	4.56	0.65
3	心理咨询工作	3.78	4.42	0.64
4	就业指导工作	3.85	4.49	0.64
5	奖助学金评定程序的公平性	3.92	4.56	0.64

序号	指标项	重要度	满意度	比对差额
6	行政管理人员的服务态度	3.79	4.43	0.64
7	学术讲座内容的前沿性	3.85	4.45	0.6
8	学校总体上提供的学习资源与服务	3.88	4.47	0.59
9	学风	4.03	4.60	0.57
10	学校对学生所反映合理意见的重视程度	3.87	4.43	0.56
11	体育文化活动满足需求的程度	3.71	4.25	0.54
12	教风	4.03	4.57	0.54
13	学术讲座的吸引性	3.87	4.40	0.53
14	电子资源满足需求的程度	3.95	4.47	0.52
15	校园整体布局的合理性	3.79	4.31	0.52
16	图书馆桌椅、书架的舒适程度	3.73	4.24	0.51
17	学校对学生反馈意见处理的及时性	3.97	4.48	0.51
18	图书馆网站满足信息需求的程度	3.9	4.39	0.49
19	各类科技知识竞赛	3.82	4.31	0.49
20	学校规章制度的完善性	4.01	4.49	0.48
21	图书馆信息化程度（无线网络、上网机房）	3.94	4.41	0.47
22	奖助学金评定程序的透明性	4.09	4.55	0.46
23	图书馆对学生个性化需求的关注程度	3.89	4.34	0.45
24	查找纸质文献的方便程度	3.93	4.38	0.45
25	纸质图书满足需求的程度	3.95	4.39	0.44
26	教师教学态度	4.13	4.56	0.43
27	勤工助学岗位数量满足需求的程度	3.9	4.30	0.4
28	校内有偿工作机会	3.89	4.27	0.38
29	辅导员的思想政治教育工作	4.06	4.40	0.34

序号	指标项	重要度	满意度	比对差额
30	体育娱乐设施收费的合理性	3.86	4.20	0.34
31	体育类比赛	3.91	4.25	0.34
32	图书馆馆际互借与文献传递服务	4.03	4.34	0.31
33	图书馆对意见或建议的回复与反馈	3.98	4.28	0.3
34	社团种类的多样性	3.98	4.28	0.3
35	图书馆管理员解答疑问的效果	3.98	4.27	0.29
36	图书馆开展的培训活动	3.85	4.14	0.29
37	纸质期刊满足需求的程度	4.01	4.29	0.28
38	图书馆提供便利的寄存、休闲服务	3.9	4.18	0.28
39	图书馆各种方位指引和标识	4.04	4.30	0.26
40	才艺类表演及比赛	3.94	4.19	0.25
41	校园自然环境	4.2	4.45	0.25
42	社团活动效果	3.99	4.21	0.22
43	图书馆工作人员的态度	4.15	4.34	0.19

表 3-6 所列的图书馆开、闭馆时间的合理程度等 43 个指标项，满意度高于重要度，高出额度从高到低排列。在人才培养中，实际教育教学服务环节的这 43 个指标项得到校友的高度认可，值得继续保持和发扬。

第四部分

校友的行为打算

　　项目组针对校友未来的行为打算设置了 13 个议项，并对每个议项设置了非常可能、可能、一般、不大可能、根本不可能五种选项，并在权重上分别赋予 5、4、3、2、1 的分值。

　　研究显示，校友未来行为的可能程度由高到低的指标项如下：向用人单位推荐母校的毕业生的可能性为 4.30 分，向亲友等推荐母校的可能性为 4.17 分，提供非资金支持或帮助的可能性为 4.14 分，如果能重新选择，还会选择母校的可能性为 4.12 分，向母校捐赠资金的可能性为 3.98 分，为母校毕业生提供就业岗位的可能性为 3.87 分，参与母校人才培养方案的修订的可能性为 3.80 分，与母校开展产学研合作的可能性为 3.78 分，参与学校创新创业项目的投资与建设的可能性为 3.75分，与母校合作建立实习实训基地的可能性为 3.71 分，回母校进行励志或创业讲座的可能性为 3.69 分，对母校具体项目予以认捐的可能性为 3.68 分，在母校设立奖学金的可能性为 3.55 分。可能程度的调研数据见表 4-1、图 4-1 和图 4-2。

表 4-1 校友行为打算的可能性一览表

题目/选项	5	4	3	2	1	加权平均分
1.向亲友等推荐母校的可能性	125(41.53%)	117(38.87%)	47(15.62%)	10(3.32%)	2(0.66%)	4.17
2.向用人单位推荐母校的毕业生的可能性	137(45.51%)	124(41.2%)	35(11.63%)	4(1.33%)	1(0.33%)	4.30
3.如果能重新选择，还会选择母校的可能性	121(40.2%)	115(38.21%)	45(14.95%)	19(6.31%)	1(0.33%)	4.12
4.向母校捐赠资金的可能性	95(31.56%)	128(42.52%)	58(19.28%)	18(5.98%)	2(0.66%)	3.98
5.提供非资金支持或帮助的可能性	110(36.54%)	134(44.52%)	48(15.95%)	7(2.33%)	2(0.66%)	4.14
6.回母校进行励志或创业讲座的可能性	75(24.92%)	114(37.87%)	64(21.26%)	39(12.96%)	9(2.99%)	3.69
7.为母校毕业生提供就业岗位的可能性	94(31.23%)	117(38.87%)	56(18.6%)	25(8.31%)	9(2.99%)	3.87

续表（表4-1）

题目/选项	5	4	3	2	1	加权平均分
8.在母校设立奖学金的可能性	73(24.25%)	104(34.55%)	60(19.93%)	45(14.96%)	19(6.31%)	3.55
9.与母校开展产学研合作的可能性	90(29.9%)	112(37.21%)	54(17.94%)	33(10.96%)	12(3.99%)	3.78
10.与母校合作建立实习实训基地的可能性	77(25.58%)	118(39.2%)	60(19.93%)	34(11.3%)	12(3.99%)	3.71
11.对母校具体项目予以认捐的可能性	75(24.92%)	114(37.87%)	67(22.26%)	32(10.63%)	13(4.32%)	3.68
12.参与母校人才培养方案的修订的可能性	81(26.91%)	119(39.53%)	70(23.26%)	21(6.98%)	10(3.32%)	3.80
13.参与学校创新创业项目的投资与建设的可能性	81(26.91%)	118(39.2%)	61(20.27%)	29(9.63%)	12(3.99%)	3.75
小计	1234(31.54%)	1534(39.20%)	725(18.53%)	316(8.08%)	104(2.67%)	3.89

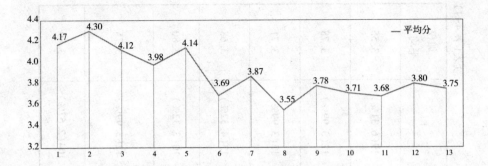

图4-1 校友行为打算的可能性折线图

图4-1中，纵向值为校友行为打算可能性加权平均分，横向值分别代表：

1. 向亲友等推荐母校的可能性

2. 向用人单位推荐母校的毕业生的可能性

3. 如果能重新选择，还会选择母校

4. 向母校捐赠资金的可能性

5. 提供非资金支持或帮助的可能性

6. 回母校进行励志或创业讲座的可能性

7. 为母校毕业生提供就业岗位的可能性

8. 在母校设立奖学金的可能性

9. 与母校开展产学研合作的可能性

10. 与母校合作建立实习实训基地的可能性

11. 对母校具体项目予以认捐的可能性

12. 参与母校人才培养方案的修订的可能性

13. 参与学校创新创业项目的投资与建设的可能性

上述可能性程度显示：向用人单位推荐母校的毕业生的可能性位列第一，向亲友等推荐母校的可能性位列第二，提供非资金支持或帮助的可能性位列第三，如果能重新选择，还会选择母校的可能性位列第四。

它们的加权平均分分别为 4.30 分、4.17 分、4.14 分、4.12 分。在母校设立奖学金的可能性最低，加权平均分为 3.55 分。

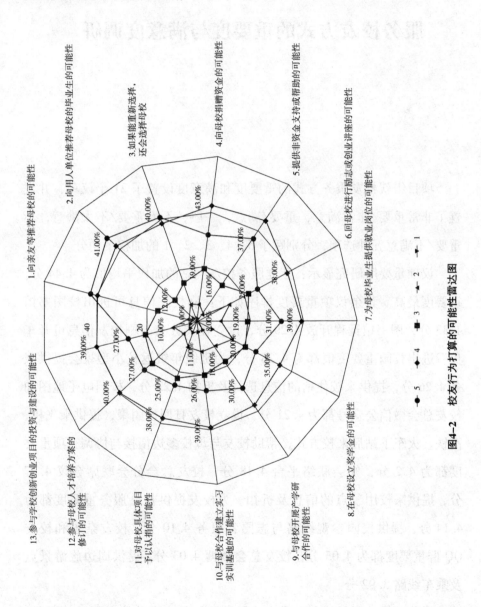

图4-2 校友行为打算的可能性雷达图

第五部分

服务校友方式的重要度与满意度调研

项目组就校友服务方式的重要度和满意度设置了 21 个议项,并设置了非常重要/非常满意,重要/满意,一般,不太重要/不太满意,不重要/不满意五种选项,分别赋予 5、4、3、2、1 的加权平均分。

议项重要度研究显示:建立服务校友网站的加权平均值为 4.44 分,重要度最高。其余议项重要度排序如下:刷校友信息可进出校图书馆 4.33 分,图书馆远程开放 4.29 分,设立校友分会与刷校友信息可开车免费进出校园重要度值都为 4.28 分,为班级年级返校小型聚会提供服务 4.26 分,提供来校住宿的信息选择及折扣 4.22 分,校园电子地图和校友总会微信公众号都为 4.21 分,设立校友日回校团聚,提供乘飞机、高铁、火车下站后来校方式,帮助校友与母校多边衔接与协调三项重要度都为 4.2 分,知会联络平台 4.18 分,校友总会分会联席会议 4.17 分,提供来校用餐点的信息及折扣、为校友提供社会服务重要度都为 4.14 分,提供校园参观线路与志愿者服务 4.10 分,校友杂志和校友 QQ 群重要度都为 4.05 分,校友总会微博 4.03 分,提供周边旅游景点及乘车线路 3.92 分。

由此可见,服务校友方式中,最重要的是:完善校友网站的服务,更大程度发挥其在宣传与联络方面的作用，开发趣味性板块、校友交流板块，及时更新动态，发布贴合校友需求的信息。

服务校友方式所设置议项的重要度调研数据见表5-1，重要度折线图见图5-1。

在满意度方面：乘飞机、高铁、火车下站后来校方式为3.99分，满意度最高；图书馆远程开放为3.61分，满意度最低。具体调研数值见表5-2和图5-2。

服务校友方式重要度和满意度加权平均分折线图，见图5-3。服务校友方式重要度和满意度加权平均分的比对情况，见一览表5-3。

表 5-1 服务方式的重要度一览表

服务校友方式调研	重要度					加权平均分
	非常重要	重要	一般	不太重要	不重要	
1.服务校友的网站	154(51.16%)	129(42.86%)	16(5.32%)	0	2(0.66%)	4.54
2.设立校友分会	124(41.20%)	143(47.51%)	31(10.30%)	1(0.33%)	2(0.66%)	4.28
3.校友杂志	97(32.23%)	128(42.52%)	71(23.59%)	4(1.33%)	1(0.33%)	4.05
4.校友总会分会联系会议	109(36.21%)	138(45.85%)	50(16.61%)	3(1.00%)	1(0.33%)	4.17
5.设立校友日回校团聚	108(35.88%)	149(49.50%)	40(13.29%)	3(1.00%)	1(0.33%)	4.20
6.为班级年级返校小型聚会提供服务	116(38.54%)	150(49.82%)	33(10.96%)	1(0.33%)	1(0.33%)	4.26
7.知会联络平台	100(33.22%)	156(51.83%)	44(14.62%)	1(0.33%)	0	4.18
8.校园电子地图	113(37.54%)	143(47.51%)	40(13.29%)	4(1.33%)	1(0.33%)	4.21
9.乘飞机、高铁、火车下站后来校方式	119(39.53%)	137(45.51%)	34(11.30%)	8(2.66%)	3(1.00%)	4.20

续表（表5-1）

服务校友方式调研	重要度					加权平均分
	非常重要	重要	一般	不大重要	不重要	
10.提供来校住宿的信息选择及折扣	116(38.54%)	148(49.17%)	29(9.63%)	4(1.33%)	4(1.33%)	4.22
11.提供来校用餐点的信息选择及折扣	112(37.21%)	131(43.52%)	50(16.61%)	5(1.66%)	3(1.00%)	4.14
12.提供校园参观线路与志愿者服务	103(34.22%)	145(48.17%)	38(12.62%)	10(3.32%)	5(1.67%)	4.10
13.提供周边旅游景点及乘车线路	91(30.23%)	125(41.53%)	62(20.60%)	15(4.98%)	8(2.66%)	3.92
14.刷校友信息可开车免费进出校园	119(39.53%)	149(49.50%)	30(9.97%)	3(1.00%)	0	4.28
15.刷校友信息可进出校图书馆	136(45.18%)	137(45.51%)	22(7.31%)	4(1.33%)	2(0.67%)	4.33
16.图书馆远程开放	130(43.19%)	134(44.52%)	30(9.96%)	7(2.33%)	0	4.29
17.校友总会微信公众号	115(38.21%)	138(45.85%)	45(14.95%)	1(0.33%)	2(0.66%)	4.21

续表（表 5-1）

服务校友方式调研	重要度					加权平均分
	非常重要	重要	一般	不太重要	不重要	
18.校友总会微博	95（31.56%）	133（44.19%）	64（21.26%）	6（1.99%）	3（1.00%）	4.03
19.校友 QQ 群	88（29.24%）	153（50.83%）	51（16.94%）	4（1.33%）	5（1.66%）	4.05
20.帮助校友与母校多边衔接与协调	102（33.89%）	163（54.15%）	32（10.63%）	1（0.33%）	3（1.00%）	4.20
21.为校友提供社会服务	97（32.23%）	159（52.82%）	39（12.96%）	1（0.33%）	5（1.66%）	4.14

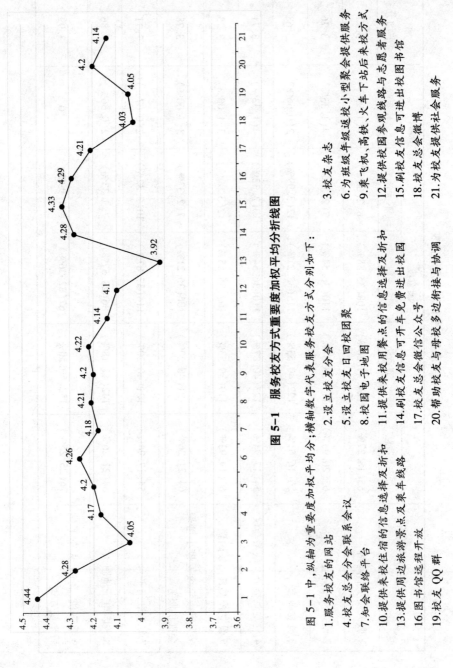

图 5-1　服务校友方式重要度加权平均分折线图

图 5-1 中，纵轴为重要度加权平均分；横轴数字代表服务校友方式分列如下：

1. 服务校友的网站
2. 设立校友分会
3. 校友杂志
4. 校友总会分会联系会议
5. 设立校友日回校团聚
6. 为班级年级返校小型聚会提供服务
7. 知会联络平台
8. 校园电子地图
9. 乘飞机、高铁、火车下站后未校方式
10. 提供未校住宿的信息选择及折扣
11. 提供未校用餐点的信息选择及折扣
12. 提供校园参观线路与志愿者服务
13. 提供周边旅游景点及乘车线路
14. 刷校友信息可开车免费进出校园
15. 刷校友信息可进出校图书馆
16. 图书馆远程开放
17. 校友总会微信公众号
18. 校友总会微博
19. 校友 QQ 群
20. 帮助校友与母校多边衔接与协调
21. 为校友提供社会服务

表 5-2　服务方式的满意度一览表

服务校友的方式调研	满意度					加权平均分
	非常满意	满意	一般	不大满意	不满意	
1.服务校友的网站	55(18.27%)	124(41.20%)	108(35.88%)	8(2.66%)	6(1.99%)	3.71
2.设立校友分会	63(20.93%)	117(38.87%)	110(36.54%)	7(2.33%)	4(1.33%)	3.76
3.校友杂志	50(16.61%)	122(40.53%)	115(38.21%)	12(3.99%)	2(0.66%)	3.68
4.校友总会分会联系会议	54(17.94%)	123(40.87%)	110(36.54%)	10(3.32%)	4(1.33%)	3.71
5.设立校友日回校团聚	60(19.93%)	119(39.53%)	107(35.55%)	12(3.99%)	3(1.00%)	3.73
6.为班级年级返校小型聚会提供服务	64(21.26%)	121(40.20%)	106(35.21%)	7(2.33%)	3(1.00%)	3.78
7.知会联络平台	54(17.94%)	121(40.20%)	114(37.87%)	10(3.32%)	2(0.67%)	3.71
8.校园电子地图	64(21.26%)	142(47.18%)	86(28.57%)	7(2.33%)	2(0.66%)	3.86
9.乘飞机、高铁、火车下站后来校方式	76(25.25%)	152(50.50%)	67(22.26%)	6(1.99%)	0	3.99

续表(5-2)

服务校友的方式调研	满意度						加权平均分
	非常满意	满意	一般	不大满意	不满意		
10.提供来校住宿的信息选择及折扣	59(19.60%)	124(41.20%)	106(35.22%)	10(3.32%)	2(0.66%)		3.76
11.提供来校用餐点的信息选择及折扣	59(19.60%)	127(42.19%)	106(35.22%)	7(2.33%)	2(0.66%)		3.78
12.提供校园参观线路与志愿者服务	59(19.60%)	137(45.51%)	100(33.23%)	4(1.33%)	1(0.33%)		3.83
13.提供周边旅游景点及乘车线路	60(19.93%)	131(43.52%)	104(34.55%)	5(1.66%)	1(0.33%)		3.81
14.刷校友信息可开车免费进出校园	49(16.28%)	128(42.52%)	100(33.23%)	15(4.98%)	9(2.99%)		3.64
15.刷校友信息可进出校图书馆	53(17.61%)	121(40.20%)	105(34.88%)	13(4.32%)	9(2.99%)		3.65
16.图书馆远程开放	55(18.27%)	109(36.21%)	108(35.88%)	23(7.64%)	6(1.99%)		3.61

续表（5-2）

服务校友的方式调研	满意度					加权平均分
	非常满意	满意	一般	不太满意	不满意	
17.校友会总微信公众号	51(16.94%)	116(38.54%)	118(39.20%)	12(3.99%)	4(1.33%)	3.66
18.校友会总微博	52(17.28%)	117(38.86%)	121(40.20%)	8(2.66%)	3(1.00%)	3.69
19.校友QQ群	45(14.95%)	125(41.53%)	113(37.54%)	11(3.65%)	7(2.33%)	3.63
20.帮助校友与母校多边衔接与协调	55(18.27%)	132(43.85%)	106(35.22%)	4(1.33%)	4(1.33%)	3.76
21.为校友提供社会服务	58(19.27%)	124(41.20%)	111(36.87%)	4(1.33%)	4(1.33%)	3.76

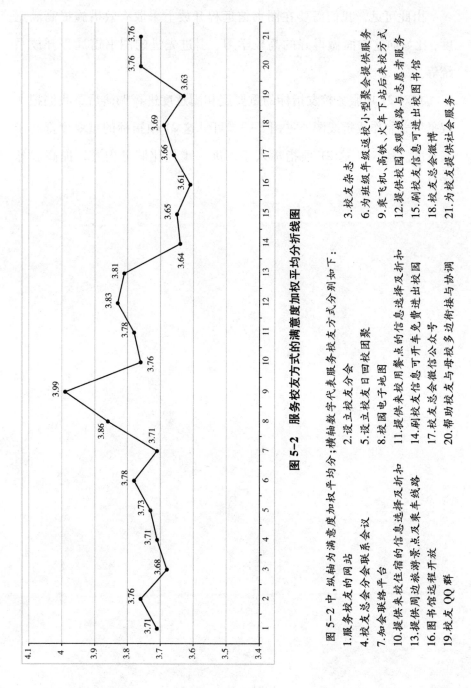

图5-2 服务校友方式的满意度加权平均分折线图

图5-2中，纵轴为满意度加权平均分；横轴数字代表服务校友方式分列如下：

1.服务校友的网站　　　　　　　　　2.校友总会分会联系会议　　　　　　　3.校友杂志

4.校友总会分会联系会议　　　　　　　5.设立校友日回校团聚　　　　　　　　6.为班级年级返校小型聚会提供服务

7.加会联络平台　　　　　　　　　　　8.校园电子地图　　　　　　　　　　　9.乘飞机、高铁、火车下站后返校方式

10.提供未校住宿的信息选择及折扣　　11.提供未校用餐点的信息选择及折扣　12.提供校园参观线路与志愿者服务

13.提供周边旅游景点及乘车线路　　　14.校友总会信息可开车免费进出校园　15.刷校友信息可进出校图书馆

16.图书馆远程开放　　　　　　　　　17.校友总会微信公众号　　　　　　　18.校友总会微博

19.校友QQ群　　　　　　　　　　　　20.帮助校友与母校多边衔接与协调　　21.为校友提供社会服务

　　由此可见，我们需要在图书馆远程开放上采取有效措施提高满意度，比如向这方面做得好的高校学习，引进先进的图书馆远程开放系统等。

　　在对 21 项服务校友指标的重要度和满意度进行调研后，我们把加权平均分制作成折线图，见图 5-3。可见这 21 项指标的重要度都高于满意度。建议从这 21 项指标入手，进一步优化服务内容，提高服务质量。

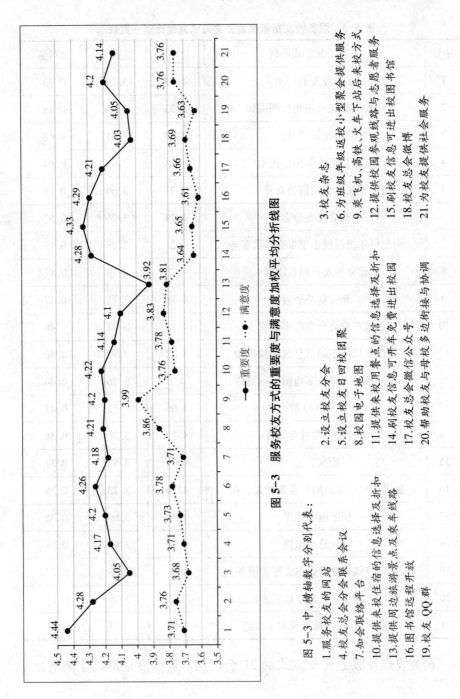

图 5-3　服务校友方式的重要度与满意度加权平均分折线图

图 5-3 中，横轴数字分别代表：

1. 服务校友的网站
2. 设立校友分会
3. 校友杂志
4. 校友总会分会联系会议
5. 设立校友日回校团聚
6. 为班级年级返校小型聚会提供服务
7. 知名会联络平台
8. 校园电子地图
9. 乘飞机、高铁、火车下站后末校方式
10. 提供未校住宿信息的信息选择及折扣
11. 提供未校用餐点的信息选择及折扣
12. 提供校园参观线路与志愿者服务
13. 提供周边旅游景点及乘车线路
14. 刷校友总会信息可开车免费进出校园
15. 刷校友信息可免费进出校图书馆
16. 图书馆远程开放
17. 校友总会微信公众号
18. 校友总会微博
19. 校友 QQ 群
20. 帮助校友母校多边衔接与协调
21. 为校友提供社会服务

表 5-3　服务校友指标项重要度与满意度比对一览表

序号	服务校友方式调研	重要度	满意度	比对值
1	服务校友的网站	4.44	3.71	0.73
2	刷校友信息可进出校图书馆	4.33	3.65	0.68
3	图书馆远程开放	4.29	3.61	0.68
4	刷校友信息可开车免费进出校园	4.28	3.64	0.64
5	校友总会微信公众号	4.21	3.66	0.55
6	设立校友分会	4.28	3.76	0.52
7	为班级年级返校小型聚会提供服务	4.26	3.78	0.48
8	设立校友日回校团聚	4.2	3.73	0.47
9	知会联络平台	4.18	3.71	0.47
10	校友总会分会联席会议	4.17	3.71	0.46
11	提供来校住宿的信息选择及折扣	4.22	3.76	0.46
12	帮助校友与母校多边衔接与协调	4.2	3.76	0.44
13	校友 QQ 群	4.05	3.63	0.42
14	为校友提供社会服务	4.14	3.76	0.38
15	校友杂志	4.05	3.68	0.37
16	提供来校用餐点的信息选择及折扣	4.14	3.78	0.36
17	校园电子地图	4.21	3.86	0.35
18	校友总会微博	4.03	3.69	0.34
19	提供校园参观线路与志愿者服务	4.1	3.83	0.27
20	乘飞机、高铁、火车下站后来校方式	4.2	3.99	0.21
21	提供周边旅游景点及乘车线路	3.92	3.81	0.11

　　研究发现：服务校友方式的 21 个议项，重要度全部高于满意度。

可先从重要度与满意度比对差额大的指标入手，围绕服务校友的网站、刷校友信息进出校图书馆、图书馆远程开放，采取有效措施，提高满意度，向做得好的高校学习，分步骤全面提高服务校友议项的满意度，创新服务方式，提高服务质量。

第六部分

意见与建议

一、创新服务校友方式

项目组从服务校友方式的意见与建议的答题中进行了词频统计，制作了词频图，见图 6-1。其中"活动"一词出现的频率最多，其后是"微信、交流、平台、公众、信息、毕业、创新、校友会、分会、联络、定期、微博、动态、QQ"，其出现频次由高到低排列如下：

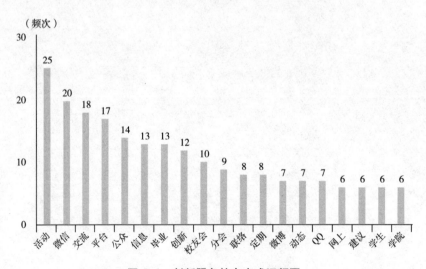

图 6-1　创新服务校友方式词频图

怎样创新服务校友方式？在梳理出的答题记录中，我们从组织建设、服务方式、服务内容、服务质量四个方面，归纳整理出创新服务的11条建议。其中多开展活动，充分运用互联网，利用微信、微博、QQ、抖音等软件，与校友建立多渠道交流平台，是校友迫切希望看到的。

（一）完善服务校友组织，创新合作与激励机制

（1）建立校、院两级服务合作组织，整合院校资源，满足校友多方位服务需求，创新服务校友的合作与激励机制。

（2）加快校友分会的建设，加强校友分会的宣传，加深与毕业校友之间的联系，构建互帮互助体系。

（二）依托互联网平台，优化服务校友方式

（1）运用互联网平台服务校友，加强联络。

（2）充分发挥微信公众号的作用，优化校友网站。

（3）利用新型媒体软件为校友服务。

（4）创建线上与线下交流的互动方式，组织校友聚会，多开展活动。

（三）扩大服务校友的内容

（1）多渠道让校友及时了解母校的发展与成就。

（2）与校友深化信息、技术、学术、资源项目的交流。

（3）及时发布母校和校友动态。

（四）提升服务校友质量

（1）加强合作，成立校友投资基金，提供图书查阅、食堂用餐服务。

（2）加强学科建设与校友的互动，多征求校友的意见和建议，建

立长效联动机制。

二、关于专业人才培养供给方案的优化建议

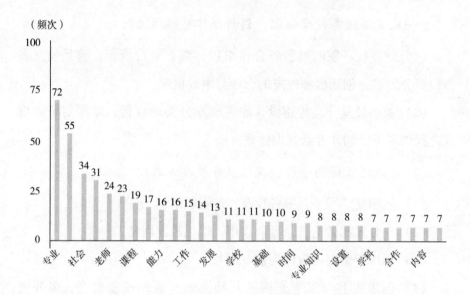

图6-2　专业人才培养供给方案优化建议高频词统计

　　调研组对专业人才培养供给方案的优化建议进行了高频词分析，其中，专业、社会、老师、课程、能力、工作、发展、学校、基础、时间、专业知识等关键词出现频率较高。校友提出的意见和建议中，更加注重社会实践环节，建议多提供校外实习机会，让理论知识和实践更好地结合；建议指导老师把研究子课题分配给学生，加强学生的科研能力；以本专业为主线，向周边学科发散，为学生提供更多的科研活动机会，是"创新服务校友方式，助推人才培养供给侧改革"研究的重要收获。

对照学院专业，项目组将人才培养供给优化建议进行了归类整理。

（一）动物科学技术学院和动物医学院

1. 动物科学

（1）以学生为主，为学生的终身发展奠定基础。

（2）符合大众要求。

2. 动物医学

（1）建议延长本科教学时间，改为五年制。

（2）增加社会实践环节。

（3）建议进行专业分支，设立小动物班、大动物班等，与各动物医院密切结合。督促或强制学生去实习，多与社会接触，了解自己学的知识，未来干什么、具体干什么工作。

3. 动物药学

（1）多安排实习的机会。

（2）教学态度有待改进。

（3）邀请行业专家到院里做讲座，便于了解行业的形势或急缺的专业知识和技能。

（二）工学院

1. 机械设计制造及其自动化

为学生提供继续深造的机会。

2. 车辆工程

应更加注重实操。

3. 汽车服务工程

不适应社会需求的专业，该撤销就撤销，不必浪费资源。

4. 土木工程

（1）多开展专业实践活动，为工作打下基础。

（2）建议教学以施工组织等为主，本专业主要学习结构计算，需要打造专业的就业优势。

（3）需要更专业化的培养，土木工程太过笼统，需要一个明确的划分。

（4）加强专业的特色建设。

（5）教学课程尽可能地与现实贴近，专业知识更新紧贴行业步伐，所教的专业知识应该更加全面。

（6）对于专业实践，应当多提供校外实习机会，理论知识和实践结合会更好，指导教师应多找些研究课题分配给学生。

（7）书本和实际相结合。

（8）社会实践时间太短，需要让学生了解毕业后的工作内容和工作形式。学生在校最主要的是了解行业特征，大多专业老师应提供切合实际的描述。学生对于专业前景了解不足，在毕业期间盲目找工作，入职后短期内出现很多辞职的现象。学校应为在校学生提供为期三个月以上的专业社会实践，实践时间从大一暑假就安排为宜。

（9）只有充分了解行业性质和行业前景，才能让学生有目的地规划自己的在校生活，而不是在临近毕业时盲目就业。只有从事自己认可的岗位，才能提高学生对于学校培养的认可程度。

5. 水利水电工程

（1）加入更多前沿化的内容，多鼓励学生参加学术会议，多加入教师课题。

（2）水资源紧缺，水环境恶劣，需要学生加强学习。

（3）需结合现阶段社会所需人才类型进行有目的、有重点、有规划的教学。重点培养学生的兴趣，明确学科重点，为社会多输送有用之才。多吸纳优秀教师，将专业做好、做精、做强。

（4）加强科研能力的培养。

（5）多为学生提供实践机会。

（6）现代社会对专业相关软件的应用要求很高，不仅仅是 CAD 制图软件，BOM（物料清单）也越来越热门，应该更加重视软件教学。

6. 农业机械化及其自动化

（1）多提供实际操作机会。

（2）学生如果在理论课上的积极性下降，建议马上带他们去实地学习体验。

7. 工程管理

（1）本专业实践性较强，建议为大四学生留有更充足的实习、实践时间，以便在校园招聘或社会招聘时占据优势。

（2）加强对本专业核心内容、创新技术的指导教育，培养优质人才，输送社会。

（3）加强专业前沿知识与实践的结合，进行更严格的教学考核。

（4）结合专业发展趋势，细分专业，设置培养方向，加强管理主干课程，重视实践。

（三）公共管理与法学学院

1. 法学

（1）加强课程实践。

（2）要在湖南规模较大、水平较高的律师事务所设立实习基地。

（3）邀请法学专家、教授来授课。

（4）多邀请经验丰富的执业律师来分享执业经验，这样也可以为法学专业毕业生实习、就业提供更多的人脉资源。

2. 公共事业管理

（1）自身应定位精准，建议加强专业认知和实践运用。

（2）紧跟社会发展需求，课程内容设置以就业和学生发展为导向。

3. 行政管理

提升专业魅力，打造专业特色，培养卓越人才。

4. 劳动与社会保障

严肃课堂纪律，加强对教学的监督，提高学生认可度，所学内容百分之八十在工作中都用不到，但是大学学习不都是为了工作，更是为了个人思想的健全，树立正确的世界观和方法论，做一个更好的人。实名表扬刘远风老师，重视教学，兢兢业业，师德突出。

（四）教育学院

1. 教育学

（1）延长学时。

（2）教育实习时间适当延长。

（3）增加实践与反馈。

（4）实习时间可提前，期限延长。

2. 教育技术学

（1）多提供实践机会，明确实践目标，增加专业课程实践次数，强调实践效果的反馈和改进，培养有充分实践经验的学子，让学生有紧迫感。

（2）关注前沿知识。

（3）多参加实践活动。

3. 应用心理学

（1）鼓励学生多参与社会实践，培养综合实践能力。

（2）巩固理论知识，加强实践操作，明确发展目标。

（3）加长实习时间，充实学习内容，增加实践活动。

（五）经济学院

1. 经济学

（1）适当增加一些对优秀企业的走访调研。

（2）注重动手能力，理论多与实际结合。

2. 农林经济管理

（1）结合学习和工作来看，农林经济管理专业是最具有社会性的专业。经过几年的熏陶，其专业学生大都会对农业、农村、农民产生情怀，这种情怀对今后的任何工作都非常重要。

（2）希望农林经济管理专业越办越好，更多地走入田间地头，更多地进行发散性实践，服务脱贫攻坚和乡村振兴。课堂学习很重要，现场教学不能少，特别是农村调研要占教学中的很大一部分。

（六）理学院

统计学：多参与和专业相关的社会实践。

（七）农学院

1. 农学

（1）与时俱进更重要。

（2）多寻求一些实践机会，尽量做到学习与实践相结合，为学生以后的学习打下良好的基础。

（3）加强实践，找机会多安排去基地、企业实习。

（4）"六边实习"（边生产、边上课、边科研、边推广、边做社会调查、边学习组织管理）应该走完一年的二十四个节气。

（5）每学期课程安排有待改进，在培养专业素质的同时，应结合相关课程或活动进行能力培养。

（6）学校可以多提供一些就业渠道，学生们可以趁着寒暑假去公司实习，可以早点知道自己对哪些方面感兴趣。

（7）"浏阳六边综合实习"可以提前开始。

（8）学生会要加强责任管理，丢了材料要负责，不能只是让全体学生重新交一份，而缺乏惩罚。

（9）建立更自由的转专业制度，增加职业技能培训课程和相关选修课，改进期末考核制度，提高毕业要求，增加社会实习机会。在专业下划分实践班和深造班，学生自主选择，针对性教学。开办技能课，每个学生必须修一门技能课。

（10）不断创新。

（11）多实习，丰富经验，然后进行总结归纳。

（12）注重能力培养。

（13）多增加社会实践。

（14）服务于社会需求。

2. 种子科学与工程

（1）不断更新前沿科学知识，优化专业课程体系。比如，增加"基因工程"这一科目。

（2）提升教育质量。

（3）多实践，多组织文献阅读。

（4）增加科研相关讲座。

（5）就专业而言，更多的是和企业联系，提前送学生进企业实习。

（6）加强专业的实习，可以多安排去一些公司参观学习。要完善实验室建设，加强动手能力的培养，不要将知识局限在课本上，要加强实践。

3. 草业科学

（1）实践出真知，理论与实践相结合。

（2）增加分子生物方面的教学和实践。

（3）针对性培养，学术人才往学术方面发展，社会人才往实践方面发展。

（4）多实践，多掌握技能。

（5）多去野外实习，增强实践能力。

（6）教学内容要为学生的职业规划服务，要跟上社会的发展。

（7）专业培养计划应该更明确、有针对性地指导。多方向培养，满足学生多方位的知识需求。专业必修课应该根据培养计划更有目的性地开设。

4. 农村区域发展

（1）多实践、多开设前沿性课程。

（2）专业课程有待进一步集中，专业实习尽可能地选择与专业相关性较高的地方实习。

（3）明确培养目标，给予更多的实习机会与就业指导。

（八）商学院

1. 国际经济与贸易

（1）培养上增加专业性和实践性。

（2）严控教学环境，提高学科学习的严谨性。

（3）多发挥学生的创造性，为学生多提供一些创新、创业的机会，多组织活动，多提供场地，以学生为中心，多提供力所能及的支持。

（4）不要束缚学生的眼界，鼓励学生去探索。

（5）提高教学设施等硬件方面的实力。

2. 工商管理

（1）提升硬件设施，提高学生的主动性、自主性、积极性。

（2）提供一定的实习机会，不只是培养理论，更要注重实践，深入企业，走进企业，加强对在校学生的培养与管理。

（3）注重实际操作，优化课件内容，合理安排实践。

（4）与现有人力资源体系结合，在注重人才培养的同时，增强校方就业影响力。

3. 市场营销

（1）学术研究方面：专业教学课程以营销为主线，向周边学科发散，加开社会学、心理学课程，提供更多的科研活动机会，邀请学界翘楚进行前沿知识讲座。

（2）实习实践方面：邀请优秀的重量级企业参与产学研合作，为学生提供实习实践机会；广告实验课可以教授 PS 等设计软件的操作；与其他学院相关专业合作，开展时装搭配、化妆简易技巧课等；与大型社会组织合作，定期输送志愿者或者实习生；将规定的三个月实习期放宽，除企业实习要求外，事业单位或者公益组织实习日期可计入实习期。

（3）评奖评优方面：学业成绩为主控分，参与其他科研、公益、创新活动或比赛奖项、考级证书等方面为次控分。

（4）图书馆方面：引入前沿研究及实践类书籍，增加文学、传播学、社会学、广告学、互联网等方面的书籍，尤其是引入在学界、业界有影响力的著作；建议增加一些活动，比如，新书推荐会、主题讨论会等。

4. 会计学

（1）增加学生外出实习的机会。

（2）让学生多积累经验。

（九）生物科学技术学院

1. 生物技术

（1）建议增加实践环节，更多地组织学生去公司开展社会实践，更多地开展与社会接轨的实用性技能知识的培训，让学生更熟悉前沿的技术知识。

（2）可增设实验、实践课，将自己所学知识应用到实验当中。

（十）食品科学技术学院

1. 食品科学与工程

优化毕业设计系统。

2. 食品质量与安全

注重研学合一。

（十一）体育艺术学院

1. 社会体育指导与管理

（1）重视各个专业的发展情况，对负责任的老师加以重用，充分发挥老师的特长。采取鼓励政策，淘汰技能不足的老师。

（2）完善场地设施，对于本校的师生免费开放。须促进学生对专业的了解，多方面培养学生的兴趣，丰富他们的课余生活，防止他们沉迷于手机。

（3）政策规矩须符合现实实际，不要做摆设，真正为学生着想，为学生争取利益。

（4）责任意识很重要，为人师表要以身作则，为人子弟要认真好学。

2. 表演

提高学生专业水平和综合能力。

（十二）外国语学院

1. 英语

（1）可更专业化，根据个人未来就业方向与需求来选择。

（2）多实践，狠抓教学。

（3）提高教师授课质量，对学生出勤和上课认真程度进行调查和改善。

2. 日语

提供更专项化的知识，比如日语，有利于专业人才的培养。

（十三）信息科学技术学院

1. 电子信息工程

加强实际操作能力。

2. 计算机科学与技术

一定要多实践。

3. 电子商务

（1）注重课本与实践的结合，优化教材结构，简化教学目标，注重教学过程培养，以实践带动学习。

（2）注重专业性，增加课外实践。

（3）加强校企的对接力度，促进交流合作，增加实训课程，严格考核，理论与实践相结合。

（4）提高刚入学时的监管程度。

（5）多动手操作，提升综合实力。

（6）注重教育质量和课堂互动。

（十四）园艺园林学院

1. 园艺

（1）多动手操作，结合实际，不纸上谈兵。

（2）教学相长，两不误。

（3）注重实践，注意与社会接轨。

（4）多提供实践课程，多实践，提高动手能力。

2. 茶学

注重实践，对接就业，产学研融合发展。

3. 园林

（1）加强园林实践，产学研与就业融合。

（2）增加社会创新教学，结合实际加强管理。

（3）提高年轻讲师水平，引进优秀人才。

（4）文凭固然重要，但处事能力更为重要，单位愿意录取能力强的高校毕业生。

（十五）资源环境学院

1. 土地资源管理

多提供赴省、市、区国土资源、城乡规划部门实习的机会，让学生对土地资源管理有更多的理解，也可积累更多的经验。

（十六）植物保护学院

1. 生物信息学

（1）实践的内容多样化。

（2）和公司、科研机构联系，明确需要掌握的专业技能，有的放矢，鼓励学生参加教师的科研项目。

2. 植物保护

（1）着重加强专业知识授课，加强专业实践，培训专业技能，去除无用课程，重点放在专业人才的培养方面。

（2）建议偏向应用，而不仅仅是基础研究。

（3）专业知识的学习太浅，可以加深课堂内容深度；实践太少、实验太少，农学类应该以生产实践为主，毕业后专业性工作太少，可以开设些经济管理类的选修课。

（4）多设置专业实习，提供系统试验教学，而不仅仅只是一节普通的实验课。

（5）学习名校。

（6）多学习和社会接轨的知识。

（7）多安排社会实践活动。

（8）增加校企合作，增加更多类型的实习岗位。

（9）懂专业，会管理。

（10）社会需要基础知识扎实、实践经验丰富且能和产业应用结合的人才。

（11）把教学与实践更多、更紧密地结合起来。

3. 动植物检疫

（1）学校培养和社会需要有距离，需更好地结合学习和实践。

（2）多提供实习机会。

（3）多进行教学实践。

以上，是从调研收集的答卷中，分专业整理的人才培养供给方案的优化建议和意见，供决策参考。

结　语

本研究以校友为中心，以创新服务为视角，围绕高校专业人才培养方案的满意度，实际教育教学服务环节的满意度与重要度，服务校友方式的重要度与满意度及其方式创新的基本思路展开，采用文献研究法、实证研究法、调查研究法、统计分析法、加权综合研究法、比较研究法、案例研究等方法，开展多维指标体系调研，形成指标项重要度、满意度的加权平均图谱，提供了专业人才培养供给侧与需求有效协同的改革方案。

（1）明确了培养过程在培养供给质量中的重要性。本研究通过在线方式，邀请各院校友参与调研，研究显示在培养目标、过程、制度、评价四要素中，培养过程对人才培养供给的质量影响最大，占比66.11%。因此，要在供给侧强化培养过程的管控。

（2）提出教学方法在人才培养要素中的影响力居于首要地位。研究发现：在更新教学内容，改进教学方法，改善教学条件，提高教师敬业精神四个影响要素当中，改进教学方法位列影响力的首位，占比45%，其次是更新教学内容，占比33%。改善教学条件，占比13%，提高教师敬业精神，占比 6.64%。

（3）明确与社会需求的吻合度是人才培养供给侧改革最重要的指标。项目组对专业人才培养方案的 27 项指标开展满意度调研，绘制了满意度折线图。研究发现：人才的培养与社会需求的吻合度，主要实践性教学环节，人才培养供给与培养效果的吻合度，是提升人才培养方案满意度的重要突破口。

（4）归纳总结了实际教育教学服务环节有待优化的 32 项指标。本研究面向实际教育教学服务环节，设置了 75 项指标体系，展开重要度和满意度调研，绘制了实际教育教学服务环节重要度与满意度的加权平均值折线图。其中实验、实践、实习机会等 32 项指标的重要度高于满意度，教学态度等 43 项指标满意度高于重要度，提出把实际教育教学服务环节中的 32 项指标纳入人才培养供给侧改革范畴。

（5）建立了校友未来行为打算的可能性折线图和雷达图。本研究对校友未来的行为打算的可能性设置了 13 个议项。向用人单位推荐母校毕业生的可能性位列第一，向亲友等推荐母校的可能性位列第二，提供非资金支持帮助的可能性位列第三，在母校设立奖学金的可能性最小。

（6）发现服务校友方式中 21 个议项的重要度都高于满意度。项目组根据服务校友方式的重要度和满意度的调查数据，绘制了服务校友方式重要度与满意度加权平均分折线图，21 个议项的重要度都高于满意度，服务方式亟待优化提高。提出了完善校友网站服务，更大程度发挥网站的宣传、联络作用，开发趣味性板块，校友交流板块，及时更新动态，发布贴合校友需求的信息等建议。

（7）提出了人才培养供给侧改革的方案。项目组对有效答卷进行了高频词排序分析，从组织建设、服务内容、服务方式、服务质量四个方面提出了创新服务校友的建议，结合具体专业提供了人才培养供给侧改革的意见及建议。

本项目从校友需求入手，以创新服务校友方式为视角，以人才培养供需有效协同为主线，从多角度给出了人才培养供给侧改革的研究方案。

致　谢

　　"创新服务校友方式，助推人才培养供给侧改革"的研究，得到了学校领导、同事和校友们的大力支持和帮助！

　　本课题的研究成果，是全体参与成员集体智慧的结晶。作为课题负责人，我衷心地感谢学校对本课题的立项和支持，感谢学校领导，感谢孙志良处长、胡茂丰处长、黎志华教授、张素芬副处长对本研究的大力支持。感谢胡英、何振宇、胡田等同事给予的帮助。感谢每个学院的积极配合，感谢周燕、刘涛、李红玫、李翀、陈宇科、童玲、裴双成、余展、黎慧钦、高洁、杨曙、杜智能、谢佳婷、谢岚、陈曦、李孟良、陶芸、李萍、陈音竹、罗攀、裴昌盛、黄月飞、罗芬、张冰清、王子希、陶芸、林瑜、陈怡伶、阳番等老师的参与。感谢对课题调研问卷作答的所有校友。感谢学生志愿者陆海源、刘宇晴、缪琳、张正霖、伍琪婧、刘盈盈、符女菊、李颖睿、杨娟、郑丽晴、陶悦菲的参与。同时也要感谢问卷星方儒文工程师对在线调研的悉心指导。正是因为大家的共同努力，我们的课题才得以顺利完成。诚挚感谢大家的辛勤付出！

　　研究工作中，难免存在考虑不周之处，欢迎批评指正！我们将虚心听取意见，不断优化。

再次对各位的辛勤付出表示衷心的感谢！

余喜林

2019 年 10 月 31 日

创新服务校友方式，助推人才培养
供给侧改革调研问卷

各位校友：

您好！

我们是湖南农业大学"创新服务校友方式，助推人才培养供给侧改革"课题组。光影流转，毕业后的您好吗？我们一直牵挂着您！为创新服务校友方式，助推人才培养供给侧改革，我们诚挚邀请您参与本次课题的调研，欢迎您畅所欲言！如需查看母校专业人才培养方案，请点击链接下载；如在参与调研的过程中遇到问题，请及时致电135××××××××，联系余老师予以解决。此次调研时间为：2018年3月22日—2019年8月31日。您的参与是我们创新的动力！感谢您对母校的关心和支持！

期待您的积极参与！祝：工作顺利！生活幸福！

"创新服务校友方式，助推人才培养供给侧改革"课题组

2018年3月

第一部分　参与者的基本信息

校友姓名：	所学专业：
毕业时间：	联系方式：

第二部分　专业人才培养供给方案的满意度调研

1. 您参与本调研所选择的专业名称。

备注：东方科技学院、国际学院、继续教育学院毕业的校友参照相关学院的专业选择。

序号	学院	专业
1	动物科学技术学院	1. 动物科学
		2. 水产养殖学
		3. 水族科学与技术
2	动物医学院	4. 动物医学
		5. 动物药学
3	工学院	6. 机械设计制造及其自动化
		7. 机械电子工程
		8. 车辆工程
		9. 汽车服务工程
		10. 土木工程
		11. 水利水电工程
		12. 农业机械化及其自动化
		13. 工程管理

序号	学院	专业
4	公共管理与法学学院	14. 法学
		15. 社会科学
		16. 公共事业管理
		17. 行政管理
		18. 劳动与社会保障
5	教育学院	19. 教育学
		20. 教育技术学
		21. 应用心理学
6	经济学院	22. 经济学
		23. 金融学
		24. 投资学
		25. 农林经济管理
7	理学院	26. 信息与计算机科学
		27. 应用化学
		28. 统计学
		29. 材料化学
8	农学院	30. 农学
		31. 植物科学与技术
		32. 种子科学与工程
		33. 烟草
		34. 草业科学
		35. 农村区域发展
9	商学院	36. 国际经济与贸易
		37. 工商管理
		38. 市场营销
		39. 会计学

续表

序号	学院	专业
10	生物科学技术学院	40. 生命科学
		41. 生物技术
		42. 生态学
		43. 生物工程
11	食品科学技术学院	44. 食品科学与工程
		45. 食品质量与安全
12	体育艺术学院	46. 社会体育指导与管理
		47. 表演
		48. 视觉传达设计
		49. 环境设计
		50. 产品设计
		51. 体育教育
13	外国语学院	52. 英语
		53. 日语
14	信息科学技术学院	54. 电子信息工程
		55. 信息工程
		56. 计算机科学与技术
		57. 电子商务
		58. 物联网工程
15	园艺园林学院	59. 园艺
		60. 茶学
		61. 园林
		62. 中药资源与开发
		63. 风景园林

续表

序号	学院	专业
16	植物保护学院	64. 生物信息学
		65. 植物保护
		66. 动植物检疫
17	资源环境学院	67. 人文地理与城乡环境
		68. 环境工程
		69. 环境科学
		70. 安全工程
		71. 农业资源与环境
		72. 土地资源管理
18	其他专业	

2. 您参与本调研所选择专业的人才培养阶段是（　　　）。

A. 本科　　　　　B. 硕士研究生　　　C. 博士研究生

3. 培养目标、培养过程、培养制度、培养评价中，您认为哪部分对人才培养供给的质量影响最大？（　　）

A. 培养目标　　　　　　　B. 培养过程

C. 培养制度　　　　　　　D. 培养评价

4. 您认为教学方面最应该改进的是（　　　）。

A. 更新教学内容　　　　　B. 改进教学方法

C. 改善教学条件　　　　　D. 提高教师敬业精神

5. 专业人才培养供给方案的满意程度调研

专业人才培养供给方案 满意程度调研	非常 满意	满意	一般	不太 满意	不满意
	5	4	3	2	1
1. 人才培养方案总体状况					
2. 培养目标					
3. 培养要求					
4. 主干学科设置					
5. 核心课程					
6. 主要实践性教学环节					
7. 主要专业实验					
8. 修业年限					
9. 学分要求					
10. 课程总体结构					
11. 通识、通修课程设置					
12. 公共选修课程设置					
13. 专业教育课程设置					
14. 实践教育课程设置					
15. "六求"素质拓展活动设置					

续表

专业人才培养供给方案满意程度调研	非常满意	满意	一般	不太满意	不满意
	5	4	3	2	1
16. 实验课程设置					
17. 学分权重设置					
18. 考试及考核方式					
19. 课程内容设置的连续性					
20. 各学期课程设置的均衡性					
21. 课程体系					
22. 培养过程					
23. 培养路径					
24. 培养制度					
25. 实施人才培养方案的方法与手段					
26. 培养供给方案与培养效果的吻合度					
27. 培养供给方案与社会需求的吻合度					

第三部分　实际教育教学服务环节的重要度与满意度调研

5	4	3	2	1
非常重要	重要	一般	不太重要	不重要
非常满意	满意	一般	不太满意	不满意

	实际教育教学服务环节	重要度					满意度				
		5	4	3	2	1	5	4	3	2	1
1	选修课程的数量										
2	实验、实践及实习的机会										
3	课程目标偏重于学科或专业知识										
4	课程目标偏重于学生发展需要										
5	课程目标偏重于职业的人力需求										
6	授课教师明确告诉学生课程目标										
7	课程目标易于理解并具可测量性										
8	教学内容紧密服务于课程目标										
9	教学内容符合学生的兴趣										
10	教学内容符合学生的学习能力										
11	教学内容的前沿性										
12	教学内容的清晰性										
13	知识传授与能力训练的一致性										

续表

实际教育教学服务环节		重要度					满意度				
		5	4	3	2	1	5	4	3	2	1
14	教学时间分配的合理性										
15	专业实验、实践和实习的效果										
16	参与各种科研活动的机会										
17	教室设施设备的满足程度										
18	实验室设备的满足程度										
19	教学管理制度的完善性										
20	教学管理人员的态度										
21	教学的组织与管理										
22	教学质量监控体系的完善性										
23	教师对学生学习情况反馈的及时把控										
24	教师对学生评价的客观性										
25	班级规模的合理性										
26	授课教师的教学水平										
27	授课教师的科研水平										
28	授课教师的敬业精神										
29	教师的教学投入										
30	师德										
31	教师对教育教学工作的责任感										
32	教师的教学态度										
33	图书馆工作人员的态度										
34	图书馆管理员解答疑问的效果										

实际教育教学服务环节		重要度					满意度				
		5	4	3	2	1	5	4	3	2	1
35	图书馆对学生个性化需求的关注程度										
36	图书馆开展的培训活动										
37	图书馆开、闭馆时间的合理程度										
38	图书馆馆际互借与文献传递服务										
39	图书馆对意见或建议的回复与反馈										
40	图书馆网站（主页）满足信息需求的程度										
41	图书馆提供便利的寄存、休闲服务										
42	纸质图书满足需求的程度										
43	纸质期刊满足需求的程度										
44	查找纸质文献的方便程度										
45	电子资源（各类数据库）满足需求的程度										
46	图书馆信息化程度（无线网络、上网机房）										
47	图书馆桌椅、书架的舒适程度										
48	图书馆各种方位指引和标识										
49	辅导员的思想政治教育工作										
50	奖助学金评定程序的透明性										
51	奖助学金评定程序的公平性										
52	勤工助学岗位数量满足需求的程度										
53	校内有偿工作机会										
54	心理咨询工作										

续表

实际教育教学服务环节		重要度					满意度				
		5	4	3	2	1	5	4	3	2	1
55	就业指导工作										
56	行政管理人员的服务态度										
57	校园整体布局的合理性										
58	校园自然环境										
59	体育娱乐设施设备满足需要的程度										
60	体育娱乐设施收费的合理性										
61	体育文化活动满足需求的程度										
62	各类科技知识竞赛										
63	体育类比赛										
64	才艺类的表演及比赛										
65	社团种类的多样性										
66	社团活动效果										
67	学术讲座的吸引力										
68	学术讲座内容的前沿性										
69	学校校风										
70	学校教风										
71	学校学风										
72	学校规章制度的完善性										
73	学校对学生反馈意见处理的及时性										
74	学校对学生所反映合理意见的重视程度										
75	学校总体上提供的学习资源与服务										

第四部分　校友的行为打算

5	4	3	2	1
非常可能	可能	一般	不太可能	根本不可能

序号	问项	可能性				
		5	4	3	2	1
1	您是否可能向亲友等推荐母校					
2	您是否可能向用人单位推荐母校的毕业生					
3	如果能重新选择，您是否还会选择母校					
4	您向母校捐赠资金的可能性					
5	您向母校提供非资金支持或帮助的可能性					
6	您是否打算回母校进行励志或创业讲座					
7	您是否打算为母校毕业生提供就业岗位					
8	您是否打算在母校设立奖学金					
9	您是否考虑与母校开展产学研合作					
10	您是否考虑与母校合作建立实习实训基地					
11	您是否考虑对母校具体项目予以认捐					
12	您是否愿意参与母校人才培养方案的修订					
13	您是否愿意参与学校创新创业项目的投资与建设					

第五部分　服务校友方式的重要度与满意度调研

5	4	3	2	1
非常重要	重要	一般	不太重要	不重要
非常满意	满意	一般	不太满意	不满意

	服务校友方式的调研	重要度					满意度				
		5	4	3	2	1	5	4	3	2	1
1	服务校友的网站										
2	设立校友分会										
3	校友杂志										
4	校友总会分会联席会议										
5	设立校友日回校团聚										
6	为班级年级返校小型聚会提供服务										
7	知会联络平台										
8	校园电子地图										
9	乘飞机、高铁、火车下站后来校方式										
10	提供来校住宿的信息选择及折扣										
11	提供来校用餐点的信息选择及折扣										
12	提供校园参观线路与志愿者服务										
13	提供周边旅游景点及乘车线路										

续表

服务校友方式的调研	重要度					满意度				
	5	4	3	2	1	5	4	3	2	1
14 刷校友信息可开车免费进出校园										
15 刷校友信息可进出校图书馆										
16 图书馆远程开放										
17 校友总会微信公众号										
18 校友总会微博										
19 校友 QQ 群										
20 帮助校友与母校多边衔接与协调										
21 为校友提供社会服务										

第六部分　意见与建议

1. 请您谈谈怎样创新服务校友的方式。

2. 结合社会需求，说说您对专业人才培养供给方案的优化建议。

邀请各位校友参与调研的函

邀请函

各位校友：

您好！

为了"创新服务校友方式，助推人才培养供给侧改革"，该课题组现面向各位校友开展问卷调研，点击链接或扫描二维码就可在电脑或手机上直接参与问卷调研。调研时间：2018 年 9 月 8 日—2019 年 8 月 31 日。诚挚邀请各位校友积极参与！谢谢！

祝大家工作顺利！生活幸福！

湖南农业大学校友办

"创新服务校友方式，助推人才培养供给侧改革"课题组

2018 年 9 月

"创新校友服务方式的意见和建议"
答题汇总

1. 建立校友分会,联络各分会辖区的校友;总会应建立微信公众号与微博账号,每个月定期发布两三次学校动态,发布不同分会的一些活动动态,通知校友参加有关活动;优化校友会网站的设计,把动态、联络方式、新闻信息等比较大的模块放在显眼位置。

2. 能联系到的各届校友一起建立 QQ 群、微信群等,把还有联系的校友拉入群里交流;建立校友联络网站,学校网上图书馆对校友设立专门查询通道。

3. 建立区域校友协会,加强毕业校友之间的联系,通过网络软件如微信、QQ 等联系,在节假日组织聚会。

4. 建微信群。

5. 创建添加微信或 QQ 群。

6. 电话或者微信,可以促进校友交往。

7. QQ、微信定期互动。

8. 希望能在微信及微博里面有通知。

9. 利用微信、QQ 等拓宽范围。

10. QQ 群、微信群需要拉我们进去，可以通过微信公众号或者 APP 创新服务校友方式。

11. 建立企业微信群。

12. 微博、微信公众号、官网设置一个入口。做好应届和往届毕业校友信息统计和定期更新。建立完整的电子沟通渠道，保持 QQ、微信联系。

13. 通过 QQ 电子邮件、微信、微信公众号、微博以及抖音进行联系。

14. 用 QQ、微信加强母校和校友间的联系。

15. 建立微信群和微信公众号。

16. 通过建立校友微信公众号，让我们可以随时了解学校动态。

17. 需具备干实事的精神，负起责任。

18. 效仿其他 211/985 农业高校校友会的工作流程，开办微信公众号，定期更新内容。积极设立每个省会的校友会组织，加快校友分会的建设。网站多采集在外校友的动态。开通微博，及时进行信息互动。

19. 能联系到的校友抓紧建立 QQ 群、微信群，互拉入群。

20. 创建良好的校友互助制度和有效的校友交流方式，为校友们提供教育资源上的支持和合作机会。

21. 校友间多交流沟通，了解校友的需求。

22. 多增加交流建设活动。

23. 定期开展交流活动。

24. 母校与校友之间、校友与校友之间多联系，多交流。

25. 召开经验交流会。

26. 建议多创建些非即时交流的平台，离开校园大家都比较忙，即时交流没那么方便。

27. 提供校友交流平台，比如贴吧，分类分区域，用小程序实现。

28. 多交流，及时联络感情。

29. 周年庆时，组织多种形式的活动。

30. 跟进交流，密切联系校友。

31. 同时开展线上和线下活动。

32. 加强网络资源的利用，建立健全校友网络平台。在网络平台上进行校友认证，确保校友信息的安全，加强校友间的互动交流。

33. 多方交流。

34. 提供当下同行业的交流机会。

35. 多促进交流，多办活动。

36. 开展交流会。

37. 建立一个以服务为核心的交流便捷、资源共享的方式。

38. 网络虽然越来越发达，可以方便校友之间以及校友和学校之间的联系，但是缺乏信息汇总，也让彼此的关系若即若离。校友间并不能产生化学反应。个人觉得各地校友分会应该发挥更重要的作用，除了联络校友本人外，更重要的是学术、技术、资源以及信息的交流。

39. 首先要有组织，2011 年从毕业到现在，只有 7 年，没有接触过校友会组织。湖南农业大学在长沙的校友很多，经常会碰到，但是组织建设有待加强，可能是离学校太近反而没有给予相关的重视。反而其他省市的校友分会组织建设得较好。创新服务首先要有组织、有活动、有平台、有交流，再谈其他方面。

40. 加快校友总会和校友分会的组织架构建设，加强辖区校友的联络；总会应充分运用互联网平台，定期发布学校动态以及不同分会的活动动态，组织校友活动；通过微信、微博、QQ 等方式加强校友联络，把学校建设与发展和校友紧密联系起来。

41. 搭建公众平台，大家一起提意见。

42. 办一个公众号，内设置校友自行注册，后台收集校友信息；公众号发布校友活动并开通活动报名入口，校友自行报名。

43. 可以使用新媒体公众号的方式，在恰当时间设置一些有奖互动，或者为校友开放发布招聘、求职信息的窗口。

44. 为校友专门设置公众号、微博等。

45. 通过 QQ 电子邮件联系校友，还可以用微信、微信公众号、微博以及抖音为校友服务。

46. 创立湖南农业大学校友总会和分会的公众号。

47. 按专业、年级建立微信群，开通微信公众号。

48. 建议通过校友微信公众号，让我们随时了解学校动态。

49. 为校友专设微信公众号。

50. 通过公众号推送母校和校友的信息。

51. 开办微信公众号，定期更新内容，积极设立各省校友会组织。

52. 建立区域校友协会，加强毕业校友之间的联系，通过网络软件如微信、QQ 等联系，在节假日组织聚会。

53. 提高校友毕业回校体验度，校友不再是过客，拥有更多归属感。

54. 在毕业这段时间要做好服务，给每个学生提供相应的资源。

55. 每个年级毕业校友选择一个总负责人，负责本年级校友的联络与活动组织；做好应届和往届毕业校友信息统计和定期更新；建立完整的在线沟通渠道，如 QQ、微信等。

56. 全方位地与毕业校友保持良好的沟通与联系，对于学校来说也是一种优势和帮助。

57. 需要加大对校友会的宣传。

58. 多数校友毕业后，生活重心向工作和家庭转移，频繁参加校友聚会之类的活动不太现实，可以建立分区域的校友联合会或者分工明确的校友会，加深联系。

59. 充分发挥校友分会的作用，联络各分会辖区的校友；总会应全盘统筹规划，及时发布学校动态，加强与校友分会的联络；多组织校友开展线上或线下的活动。

60. 加强与各届校友的联系。建议按专业班级建立 QQ 群、微信群，争取把全部校友都拉入校友班级群，推选群主，群发通知，加强联系，组织活动，优化校友网站的联络功能。

61. 建立线上、线下交互联络平台。

62. 利用新型技术，建立联络群，推选负责人，点对点进行研究。

63. 每个年级毕业校友选择一个总负责人，负责本年级校友的联络与活动组织。

64. 关心校友，及时联络交流感情，及时发布校友交流活动通知。

65. 通过网络平台汇总信息，发挥大数据的作用，也发挥各地校友分会的重要作用，关心校友，为校友发展提供技术、人才支持。

66. 设立专门的组织或部门进行联系。

67. 设立校友联系员，负责联络校友，定期介绍学校相关情况等。

68. 应多渠道让校友了解母校最近的发展状况与成就。

69. 校庆时号召大家回母校。

70. 多邀请校友回家看看，就学校近况给大家发个邮件。另外，可以策划售卖学校的周边产品，让大家也多一些回忆。

71. 定制校友卡，定期举行校友回母校活动。

72. 创新服务，首先是思想意识上的突破。换位为校友着想，就能不断创新服务校友的方式。

73. 总会的微信公众号与微博账号，需定期发布学校动态与分会的动态活动，通知校友参与活动。

74. 依托互联网创新服务方式，及时更新校友动态。建立校友群，可以随时关注校友的动态。

75. 通过校友微信公众号，让校友可以随时了解学校动态；建立信息交互平台；网站多发布在外校友的动态；建设好微信、微博。

76. 加快全国校友分会的建设。

77. 利用新媒体，广泛宣传。

78. 利用新媒体、新平台，建立符合新时代的最新平台。

79. 大众媒体加手写信件，可以暖人心。

80. 多利用新媒体服务。

81. 使用新媒体为校友服务，在恰当时间设置一些有奖互动，为校友提供振兴乡村的服务。

82. 可以多在自媒体上，加大对校友返校活动的宣传。

83. 尽量多组织校友聚会，构建校友互帮互助体系。

84. 建立区域校友协会，加强毕业校友之间的横向联系，让信息交流更加便捷。

85. 适时举办校友聚会。

86. 设立主题，开展校友聚会。

87. 适当保持联系，为学校发展出力。

88. 始终围绕钱和人，成立校友投资基金，给学生创业进行风险投资。

89. 校友回学校可以享受与在校学生同等的服务，如进出图书馆、在食堂用餐等。

90. 做好毕业这段时间的服务，给每个学生提供相应的资源。

91. 可以组织有能力的学生做一个学校 APP，APP 里有校友模块或专区。

92. 定期与在校老师或者在校老同学开展合作研究，合作培养学生，或者共同发展产业研究。

93. 建议面向校友设立咨询事务部，联合学校多种资源，为校友提供实实在在的综合服务。

94. 建议每个学科有固定的老师作为联系人，多运用互联网等新媒体方式，加强校友间的联系和互动。

95. 离开校园后大家都比较忙，建议围绕校友需求，开展有效的合作交流。

96. 加快设立校友分会。

97. 多征求在校校友和离校校友的意见和建议。

98. 及时收集并发布校友需求信息，建议学校老师加强与学生之间的沟通联系，并将有关信息上报校友总会。